明代登科錄彙編十四

廣東鄉試錄序

嘉靖戊午天下例舉士於鄉
聖天子敦崇茂典申飭章程以肅
省試維時巡按廣東監察御
史徐仲楫祗承
德意釐正規條寔監臨之提調則
左布政使魏良貴右參政吳

桂芳監試則按察使汪栢副
使林懋舉矢心殫慮與百執
事恪共
成憲罔敢或踰顯卿等既聘至
迺以顯卿暨教諭錢呈之司
考試教諭程一夔柯應鳳張
一龍林朝卿熊炯胡維新同

考試入簾之日內外㢟列視
昔蓋加嚴焉于是合提學副
使李遜所簡士二千七百有
奇如故事三試之遵
制拔其尤者七十五人併錄其文
以
獻顒卿謹序諸首竊惟我

國家賓興之制取法成周行之
百九十餘年于兹矣
聖聖相承得人圖治由此其選也
廣東介在嶺海之間位屬離
明地靈人傑代有文獻而近
世忠賢接踵尤多傑然然往
往崛起科目爲

時名臣聲被天下則承學之士所
藉以躡風雲之會而弘經濟
之業者其自計偕始與抑古
者命鄉論秀大要以德行道
藝相參今之取士者文爾若
不能無少異焉者及觀仲尼
之門善言德行且曰言之不

文行之不遠而宋儒以文為
載道之器乃知文者德行之
流而道藝之華也其致一耳
顯卿不佞承乏校文百粵豪
英鱗集省會彬彬起
帝臣之願摛辭發藻光采炫目取
而讀之微言奧義各有師承

率淵源孔孟隳括程朱而淬
礪於當世之務炳如也顯卿
迺作而嘆曰是可以觀德行
而考道藝矣有司者爲
國擇人持是以興賢與能爲之
勸駕登諸
天府庶幾哉其

國家梓杞干將之選也與迺者
一二末學衒鬻以文獵取華
要視經術世務魚兔之筌蹄
也得則忘之而議者或以病
文之徒飾謂科目不足以得
人也豈其然哉
聖人在上法

祖右文旁招俊乂
道化洋溢鼓舞惟均海隅日出之
區罔不興起是故蠣田蟹窟
蕉林荔浦熙然與鄒曾同風
而濟濟相望以蒙顯擢躋膴
仕者矢謨宣力仰賛
皇猷輔成我

中興億萬載無疆之治良有賴
焉科目得人之盛兹非其明
徵也耶惟是蒲澗蘭湖之濱
瓊臺石室之隩鍾靈孕秀其
才之生也何限且沐浴
膏潤而衣被
列光有年矣遘會

昌期含章時發珠涎玉屑焯爍具
陳顯卿蠡管之識曷足以披
揀而得其眞耶所以稱塞萬
一求免於不適之罰者其惟
不敢私焉耳巳夫衡之平也
低昂取中焉鑑之空也妍媸
取則焉無私故也有司者於

士非有雅信也一旦以章句文字相乎契拔什一於千百雖銖稱寸量不能無失而夙夜兢惕固可以自信其不纍矣或者其庶幾乎雖然此有司今日事耳多士由此以進

離疏釋蹻

聖天子延登器使隆以委任將於
是乎考成焉兹錄也姓氏邑
里之外不加一辭而勸懲之
道森然備矣傳不云乎事君
先資其言拜自獻其身以成
其信多士於文先資之契也
異時見諸行事且執契而責

之以觀其信夫孰得而飾諸
而有司貢薦之得人與否亦
有不可掩者矣曰勸懲之道
森然備也非耶顯卿竊為此
懼敢預告於簡端願與二三
子共勉焉是舉也提督兩廣
軍務兵部右侍郎王鈁前提

督南贛軍務都察院右副都
御史周滿今提督南贛軍務
都察院右副都御史宋淳武
戡文毓恢弘化理寔兼治敎
之任譽髦斯士有自矣總兵
官靖遠伯王瑾秉鉞臨戎雅
尚儒術適巡按浙江等處監

察御史鍾沂奉
勅觀風振揚文教戶部員外郎王
健刑部員外郎曾雲楊世芳
行人司行人黎民衷先後有
事茲土式闡風猷東粵人材
感時思奮其興也勃焉若協
贊試事則右布政使翁大立

左叅政張英左叅議袁應樞
右叅議田楊副使王惟恕王
會賀鏤僉事經彥寀殷從儉
叅將鍾坤秀張裕署都指揮
僉事侯熙孫敖寅恭朝夕各
殫心力以飭重典績用有成
左叅議陳善僉事黎澄署都

指揮僉事楊楚以慶
賀行皆與勞於先事者也敢備
書之
湖廣黃州府蘄水縣儒學教
諭施縱卿謹序

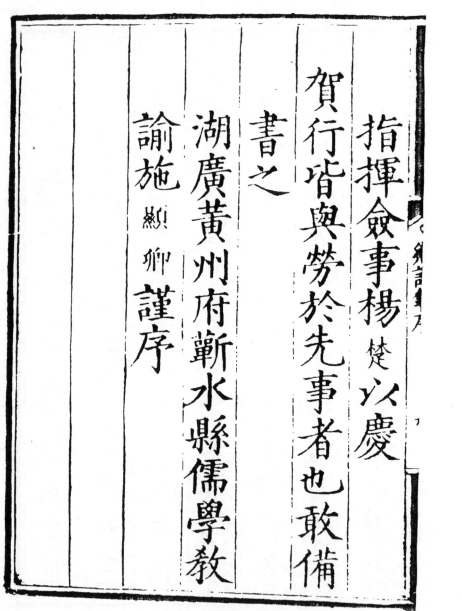

嘉靖三十七年廣東鄉試

監臨官

巡按廣東監察御史徐仲楫 濟卿 直隸長洲縣人 癸丑進士

提調官

廣東等處承宣布政使司左布政使魏良貴 師孟 江西新建縣人 乙未進士

廣東等處承宣布政使司右參政吳桂芳 子實 江西新建縣人 甲辰進士

監試官

廣東等處提刑按察司按察使汪　栢 廷節 江西浮梁縣人 戊戌進士

廣東等處提刑按察司副使林懋舉 直卿 福建閩縣人 甲辰進士

考試官

湖廣黃州府蘄水縣儒學教諭施顯卿 純甫直隸無錫縣人壬子貢士

江西瑞州府高安縣儒學教諭錢呈之 德顯浙江會稽縣人己酉貢士

同考試官

直隸鎮江府丹陽縣儒學教諭程一夔 伯章湖廣嘉魚縣人壬子貢士

直隸常州府武進縣儒學教諭柯應鳳 文徵福建龍溪縣人癸卯貢士

直隸安慶府望江縣儒學教諭張一龍 子乾湖廣華容縣人己酉貢士

浙江紹興府嵊縣儒學教諭林朝卿 公次湖廣江陵縣籍江西浮梁縣人壬子貢士

湖廣黃州府羅田縣儒學教諭熊炯 晦叔廣西臨桂縣人丙午貢士

福建汀州府連城縣儒學教諭胡維新 若文江西新昌縣人 壬子貢士

印卷官

廣東等處承宣布政使司經歷司經歷薛清 希獻直隸鎮江衛人 監生

廣東等處提刑按察司經歷司知事沈機 子慎直隸和州人 監生

收掌試卷官

廣州府知府陶大有 子謙浙江會稽縣人 甲辰進士

肇慶府知府盧璘 秀夫浙江餘姚縣人 乙未進士

惠州府知府顧言 子行浙江仁和縣人 丁未進士

雷州府知府魏文焲 德章福建候官縣人 甲辰進士

受卷官

廉州府知府熊琦 憲韓江西南昌縣人丁未進士

廣州府同知曹司賢 名卿湖廣武陵縣人庚戌進士

惠州府推官夏栻 英嗜江西豐城縣人庚戌進士

潮州府推官陳復升 以見福建長樂縣人丙辰進士

韶州府推官黃璠 維琮廣西臨桂縣人辛卯貢士

彌封官

高州府同知李渭 湜父貴州德江司籍陝西咸寧縣人甲午貢士

廣州府推官張邦謨 明卿應天府溧水縣人己酉貢士

潮州府饒平縣知縣林叢槐 應昌福建同安縣人 丙辰進士

肇慶府四會縣知縣張文光 有孚直隸常熟縣人 丁酉貢士

肇慶府高明縣知縣徐　純 肖文福建莆田縣人 癸卯貢士

謄錄官

廣州府南海縣知縣龔　芝 應生浙江會稽縣人 丙辰進士

廣州府東莞縣知縣王　柱 國用直隸涇縣人 庚子貢士

廣州府三水縣知縣符良佶 引之浙江黃巖縣人 甲午貢士

韶州府翁源縣知縣徐恒錫 承夫浙江餘姚縣人 辛卯貢士

潮州府潮陽縣知縣蔡明復 以脩福建漳浦縣人 丙辰進士

對讀官

廣州府通判陳鏜　世和江西金谿縣人丁酉貢士

廣州府番禺縣知縣湯應科　體良福建龍溪縣籍漳浦縣人丙辰進士

廣州府增城縣知縣徐甸　子服直隸常熟縣人甲午貢士

廣州府順德縣知縣陳大雅　敎詩直隸長洲縣人歲貢

南雄府保昌縣知縣蘇宗璽　敦信福建晉江縣人癸卯貢士

巡綽官

廣州左衛指揮使趙陞　惟邇直隸永平府人

廣州右衛指揮使海安　汝清順天府人

搜檢官

廣州右衛指揮同知徐思爲　玉吾直隸鳳陽府人

廣州前衛指揮僉事麻綱　用鎮順天府人

廣州後衛指揮同知趙希翔　朝卿湖廣常德府人

廣州左衛前千戶所正千戶夏炳　彥文直隸太平府人

廣州前衛鎮撫徐懋　業卿山東兗州府人

廣州後衛前千戶所正千戶朱世威　朝箸湖廣長沙府人

供給官

廣東等處承宣布政使司經歷司都事卞岡　于陵直隸江都縣人 監生

廣東鹽課提舉司副提舉顧起經　玄緯直隸無錫縣人　監生

廣州府連州判官萬遂　一貞江西豐城縣人　吏員

廣州後衛經歷司經歷王世臣　藎夫江西安福縣人　吏員

廣州府番禺縣縣丞連科　士登福建大田縣人　吏員

廣州府南海縣縣丞陳達　章甫浙江餘姚縣人　監生

廣州府香山縣縣丞黃仁卿　汝元直隸吳縣人　監生

廣州府番禺縣主簿劉叔芳　子實江西浮梁縣人　監生

廣州府南海縣主簿蕭興成　世功直隸太倉州人　監生

南雄府保昌縣主簿文斗　徵期直隸長洲縣人　官生

惠州衛龍川千戶所吏目顏持憲 德章江西安福縣人 知印

廣州府三水縣典史黃　林 國材福建莆田縣人 吏員

廣州府稅課司大使舒安山 靜之直隸黟縣人 吏員

廣州府遞運所大使夏　基 崇輔浙江黃巖縣人 吏員

廣州府番禺縣五羊驛驛丞馬　縉 廷儀直隸宿州人 吏員

廣州府番禺縣滋湖驛驛丞李　憲 廷章直隸蕪湖縣人 吏員

惠州府龍川縣雷鄉驛驛丞劉　孜 道明江西豐城縣人 吏員

肇慶府陽江縣蓮塘驛驛丞溫　經 克實江西寧都縣人 吏員

廣州府香山縣河泊所河泊曹正時 汝中湖廣衡山縣人 吏員

第壹場

四書

子曰君子貞而不諒

博厚配地高明配天悠久無疆

爲人臣者懷仁義以事其君

易

乾元者始而亨者也利貞者性情也乾始能以美利利天下不言所利大矣哉大哉乾乎剛健中正純粹精也六爻發揮

旁通情也

順而麗乎大明

河出圖洛出書聖人則之

坤也者地也萬物皆致養焉故曰致役乎

坤

書

予欲觀古人之象日月星辰山龍華蟲作

會宗彝藻火粉米黼黻絺繡以五采彰

施于五色作服汝明

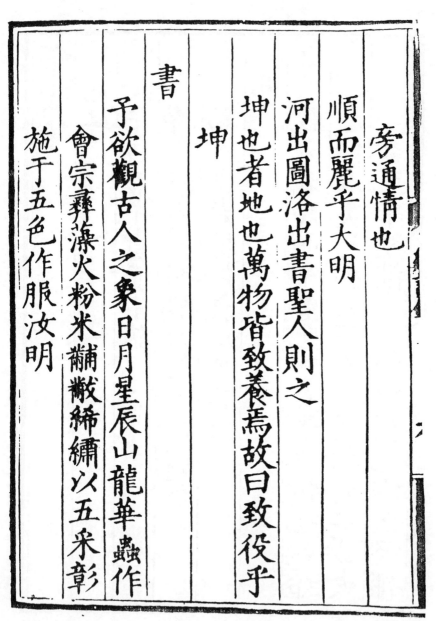

惟臣欽若惟民從乂

其自時配皇天毖祀于上下其自時中乂

穆穆在上明明在下灼于四方

詩

瞻彼淇奥緑竹如簀有匪君子如金如錫

如圭如璧寬兮綽兮猗重較兮善戲謔

兮不爲虐兮

我馬維駒六轡如濡載馳載驅周爰咨諏

我馬維騏六轡如絲載馳載驅周爰咨

謀我馬維駱六轡沃若載馳載驅周爰
咨度我馬維駰六轡既均載馳載驅周
爰咨詢
于周受命自召祖命
武丁孫子武王靡不勝龍旂十乘大糦是
承邦畿千里維民所止肇域彼四海
春秋
齊師遷紀郱鄑郚 莊公元年
公會齊人宋人救鄭 莊公二十有八年齊

師宋師曹師城邢僖公元年春王正月
公會齊侯宋公陳侯衛侯鄭伯許男曹
伯侵蔡蔡潰遂伐楚次于陘僖公四年
九月戊辰諸侯盟于葵丘僖公九年宋
人執滕子嬰齊僖公十九年五月癸丑
公會晉侯齊侯宋公蔡侯鄭伯衛子莒
子盟于踐土僖公二十八年秦人伐晉
文公三年夏楚子陳侯鄭伯盟于辰陵
宣公十有一年

公會晉侯宋公衛侯曹伯齊世子光莒子
邾子滕子薛伯杞伯小邾子伐鄭　秋
七月己未同盟于亳城北公至自伐鄭
楚子鄭伯伐宋　俱襄公十有一年
八月晉荀吳帥師滅陸渾之戎　昭公十有
七年

禮記
慮之以大愛之以敬行之以禮脩之以孝
養紀之以義終之以仁

是故天時雨澤君子達亹亹焉

樂者敦和率神而從天

五法已施故聖人服之故規矩取其無私

繩取其直權衡取其平故先王貴之故

可以爲文可以爲武可以擯相可以治

軍旅

第貳場

論

聖王致雍熙悠久之盛

詔誥表 內科一道

擬漢春和議賑貸詔 文帝元年

擬唐以韓休爲黃門侍郎同平章事誥 開元二十一年

擬壽星見羣臣

賀表 永樂十四年

判語 五條

磨勘卷宗

功臣田土

上書陳言
關津留難
脩理倉庫
第叁場
策五道
問道原於天管於聖人聖人之道其得統
於天乎孟子歷敘羣聖之統而斷自堯
舜道之正統肇是矣顧論者或以上古
道統分配四德而謂犧農其元堯舜其

亨禹湯其利文武其貞何孟子之獨遺
犧農耶乃如邵子之論世則又以三皇
爲春五帝爲夏三王爲秋五伯爲冬然
則五伯亦可與於斯道而與三皇五帝
三王亦若是班耶道之不明也久矣至
我
聖祖中天而興獨稟全知默契斯道
御文華殿而因論道心倚伏之機建
觀心亭而因論人心操存之難其與精一危

微之旨同歟異歟至於
諭侍臣而曰存於中者無堯舜之心而欲施於
外者有堯舜之政不可得也其得統於堯舜
居然可見矣恭惟
皇上
聖由天縱
學務日新遠宗堯舜近法
聖祖
明倫有典

翊學有詩

敬一有箴四箴有註一言一動無一而不以

堯舜爲法亦無一而不與

聖祖同符尒多士衣被

聖化誦習

謨訓蓋亦有年豈無一得可陳者乎試敷言

之以觀識大之學

問孔孟之絕學迨程朱而復明迄于今益

光者猶賴夫及門之徒傳焉不可誣也

然亦有可疑者試舉其著者相與論之
其在程門有以資質溫厚可與適道稱
之者有以篤學力行至於没齒悼之者
有稱深潛縝密者有許切問近思者有
别去而曰吾道南者有不仕而曰不失
其正者有久於事而信之篤得之多行
之果守之固者有聚非久而才識頴悟
語錄獨是者其蒙許可如此胡眞得其
傳者尚難於屬耶在朱子之門有曰此

吾老友屬以啓蒙者有環眂門下屬以
書傳者有稱志堅思苦吾道之託在此
者有稱進學可畏他日必任斯道者有
謂學巳見本原者有許學有根據者有
以承斯道之傳望之者有喜其知切問
近思而進之者其倚屬望如此胡卒不
能竝朱子之大耶自今觀之二家之門
人其所造之淺深略可見矣夫程朱之
道與敎一也而其門人乃若異者何耶

今斯道大明而妄議無所容非得諸儒
傳之宜莫臻此將誰擅其功耶諸生宗
大賢之道其志豈不欲承謦欬與諸儒
上下其議而不可得也尚友之心諒素
定矣願詳陳之以觀所趨
問自邃古以來言盛治者必曰三皇五帝
世遠文闕其開人立政雖間可一二睹
記迺其詳不可聞已至於名稱氏族泰
漢而降說者非一今姑與諸士訂之夫

三皇一也有以伏犧女媧神農言者有以伏犧神農黃帝言者有以天皇地皇人皇言者又有以燧人伏犧神農言以祝融伏犧神農言者五帝一也有以少昊顓頊帝嚳堯舜言者有以伏犧神農黃帝堯舜言者又有以黃帝顓頊帝嚳堯舜言以少昊顓頊高辛堯舜言者之數說者果皆何所據歟抑孰爲得其眞歟漢興去古未遠司馬子長世守天官

作史記以自附於獲麟之義厥足傳信
矣迺其所著本紀顧止首五帝而不及
三皇何歟衆言溷殽取衷者聖考孔子
答季康子言五帝則以伏犧神農黃帝
少昊顓頊隸之五行其答宰予論五帝
德又云黃帝顓頊帝嚳堯舜視前所稱
若相牴牾然又何歟豈指趣自殊而曲
學不辨歟夫學者極博載籍所考信者
必有一定之的存焉若三皇五帝濬邈

世道德之原建百代君師之極此治間
君子尚論必先者也試析衷之以觀稽
古之學
問易大傳稱黃帝堯舜垂衣裳而天下治
得非章服為可以辨上下定民志哉夏
商之制未詳也至於成周始設官掌之
司服之服凡六弁師之冕凡五冕與服
配而獨缺其一何歟今觀二官所掌士
以下不及焉則司徒以六俗安萬民曰

同衣服者果何服歟後世有自衣皁綈
而富民文繡有與百官庶民皆著黃袍
抑豈成周同衣服之謂歟漢有五綬唐
有四服宋有三冠其制亦有所沿否歟
要之制雖不同其所以庸有功章有德
則一而已矣然有爲大理賜緋衣者有
爲刺史而力辭金紫者有以處士而賜
緋衣者有以山人而賜金紫者其辭其
受果何見歟有以三品服五品服賜儒

臣者有以三品服五品服賜諫臣者亦
有賜以章紱而奪之者加以佩魚而抑
之者其予其奪抑何爲歟
聖朝定制官民人等所用布帛衣服文色各有
差等
皇上御極復加釐正而申明之蓋遠繼成周而
陋漢唐宋於不居矣諸士子素學雜服
將韠韍以從縉紳之後其爲我詳著之
問廣東代有寇警

國朝思患預防除戎致戒衛所巡司錯列於省府州邑而於沿山沿海尤加飭焉後以軍兵脆弱益以民壯又以民壯不足更雇募打手而營堡之建且纍纍然相望矣然而盜賊出沒如故豈前所設立及增募者皆不足用歟抑別有其故歟今之寇又異於舊矣舊山寇止於猺獞之類今則浪賊居多矣舊海寇止於魚鹽之徒今則倭夷竊發矣民罹荼毒莫

能備禦每每遠調狼兵用紓目前之急
狼兵果足恃否歟玆欲不必遠調之勞
而有警足以爲戰不煩雇募之費而無
事足以爲守當何施而可歟其久長之
計抑何在歟議者謂處廣寇有上中下
三策果孰爲上策歟諸士子生長是邦
目擊斯患當必有扼腕而欲言者其詳
著之篇以俟當事者擇焉

中式舉人七十五名

第一名李學一　歸善縣學增廣生　詩
第二名鄺彭齡　南海縣學附學生　易
第三名李曰巽　長樂縣學附學生　書
第四名曾　遷　博羅縣學生　禮記
第五名陳崇讚　廣州府學附學生　春秋
第六名林　津　番禺縣學生　易
第七名周宗禮　海陽縣學生　詩

第八名蒲凝翠　南海縣學增廣生　詩
第九名陳尚賢　高要縣學生　易
第十名鍾繼英　廣州府學附學生　詩
第十一名李以龍　新會縣學附學生　易
第十二名陳憲　興寧縣學生　詩
第十三名鄺鸞　東莞縣學增廣生　書
第十四名張橙　惠州府學生　詩
第十五名區鶴鳴　廣州府學生　易
第十六名劉裁正　瓊山縣學生　禮記

第十七名何啓寅　番禺縣學附學生　詩
第十八名彭　芹　東莞縣學生　易
第十九名潘中第　東莞縣學附學生　春秋
第二十名李時春　南海縣學增廣生　詩
第二十一名岳葦言　番禺縣學生　詩
第二十二名梁兆鰲　順德縣學附學生　易
第二十三名梁　幹　東莞縣學生　易
第二十四名陳大猷　南海縣學附學生　書
第二十五名陳一龍　肇慶府學生　詩

第二十六名譚　諭　肇慶府學生　易

第二十七名高曰化　海陽縣學生　詩

第二十八名梁　柟　南海縣學生　易

第二十九名曾宗可　番禺縣儒士　書

第三十名劉光奕　歸善縣學生　禮記

第三十一名陳克侯　順德縣學生　詩

第三十二名霍與瓔　南海縣附學生　易

第三十三名呂文峯　潮陽縣學增廣生　詩

第三十四名王原杋　番禺縣學生　詩

第三十五名劉維嵩　廣州府學生　易

第三十六名陳天澤　東莞縣學生　易

第三十七名蕭道凝　潮陽縣學增廣生　書

第三十八名黃應龍　順德縣學附學生　春秋

第三十九名馮　穎　南海縣學增廣生　詩

第四十名吳譽聞　廣州府學附學生　易

第四十一名李茂魁　番禺縣學附學生　詩

第四十二名朱　讓　廣州府學增廣生　詩

第四十三名陳光宇　順德縣學附學生　易

第四十四名李一迪　高州府學生　詩
第四十五名張萬程　番禺縣學附學生　詩
第四十六名張日採　廣州府學附學生　易
第四十七名彭瑽　東莞縣學生　易
第四十八名周度　番禺縣學生　書
第四十九名郭應春　韶州府學生　詩
第五十名李積　南海縣學生　易
第五十一名張瓚　瓊州府學生　禮記
第五十二名黃夢龍　番禺縣學附學生　詩

第五十三名潘兆璘　南海縣學附學生　易

第五十四名陳　憲　順德縣學附學生　書

第五十五名張雲程　廣州府學生　詩

第五十六名盧應科　增城縣學生　詩

第五十七名曾士楚　從化縣學增廣生　易

第五十八名唐之燦　南海縣學附學生　詩

第五十九名黎士偉　番禺縣學附學生　書

第六十名黎　熙　廣州府學附學生　詩

第六十一名張邦燮　東莞縣學附學生　春秋

第六十二名張弘毅　東莞縣學附學生　易
第六十三名李一桂　茂名縣學生　詩
第六十四名蘇　阜　三水縣學附學生　詩
第六十五名李純仁　三水縣學附學生　易
第六十六名陳一松　瓊州府學增廣生　易
第六十七名陳明表　潮州府學附學生　書
第六十八名林維翰　揭陽縣學生　詩
第六十九名何景祿　順德縣學生　禮記
第七十名李必昌　南海縣學附學生　詩

第七十一名李上元　番禺縣學附學生　易
第七十二名范時芳　潮陽縣學附學生　書
第七十三名李子象　揭陽縣學附學生　詩
第七十四名范嘉桂　潮陽縣學附學生　書
第七十五名戴　記　東莞縣學生　春秋

第壹場

四書

子曰君子貞而不諒

李學一

同考試官教諭熊　批　貞諒二字作者多費力此篇順題發揮理精詞暢可以式矣

考試官教諭錢　批　此題多以經權分屬殊非本意是篇渾融說理而語復精切非深於理學者不能到

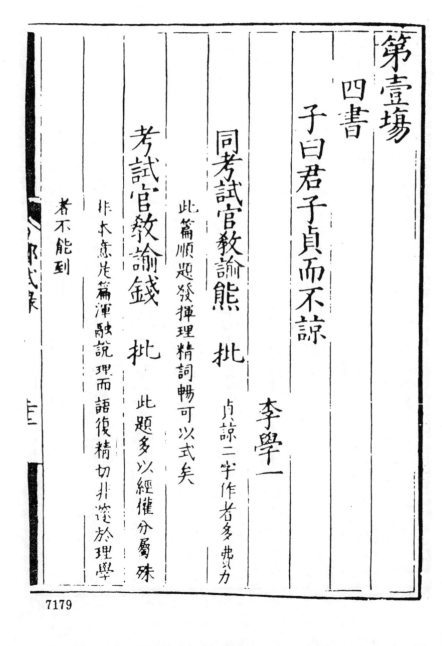

考試官教諭施　批　得旨

聖人論君子之道至正而無所執也甚矣道之貴正也君子正而能固正之至矣曾何執乎夫子以君子之道示人如此若曰天下之事惟其正而已矣知正而守之者貞也幹夫事者也不知正而執之者諒也累夫正者也貞與諒似也而實不同君子慎焉是故恒守道以一天下之動而不悖於正理尤虛已以順天下之感而不膠於成心理有公是是之正也從而是之殆有

確乎其不可拔者未始信吾之所是而執焉不通也理有公非非之正也從而非之殆有硋乎其不可奪者未始信吾之所非而滯焉不化也用無定體惟正是體循是而行焉固其守而不易焉蓋一家非之而不顧一國非之而不顧天下非之而不顧矣而一正之外無餘事也豈規規於不正之信乎體無定用惟正是用由是而之焉一其趨而不惑焉蓋富貴不能爲之淫貧賤不能爲之移威武不能爲之屈矣而一正之

外無容心也豈拘拘於小信之執乎以之守經正在經也可以觀恒德之貞焉何嘗有意於信也而信在其中矣以之行權正在權也可以觀安貞之吉焉何嘗取必於信也而亦無不信矣是何也正者至當之理也故守而固者謂之貞而君子之所自得也信者一己之見也故執而泥者謂之諒而君子之所不由也彼狃於必信而不歸諸正者去君子之道遠矣抑是道也天道也易曰中孚以利貞乃應乎天也是天道亦

信而正焉耳信何害於正乎且孟子願學孔子
者也曰君子不諒惡乎執君子固貴諒也而此
獨云不諒者何也蓋有說矣信而正者君子之
貞也孟子之所謂諒也應乎天者也若夫匹夫
匹婦之諒知信而不知正者君子斯惡之耳而
豈信之不足尚哉故信一也正則應天而爲貞
矣不正則小信而爲諒矣孔孟之言各有所指
而可否在正不正之間也學者其辨之哉

博厚配地高明配天悠久無疆

鄺彭齡

同考試官教諭林　批　配天地處最難摸寫此作詞意悠揚氣象闊大宜錄以式

同考試官教諭柯　批　一洗時套

考試官教諭錢　批　形容殆盡

考試官教諭施　批　曲達

中庸賛至誠之功用與造化為一焉甚矣造化之大也至誠之功用一造化而已矣不其盛乎中庸此章言天道也意謂至誠之德存於中而

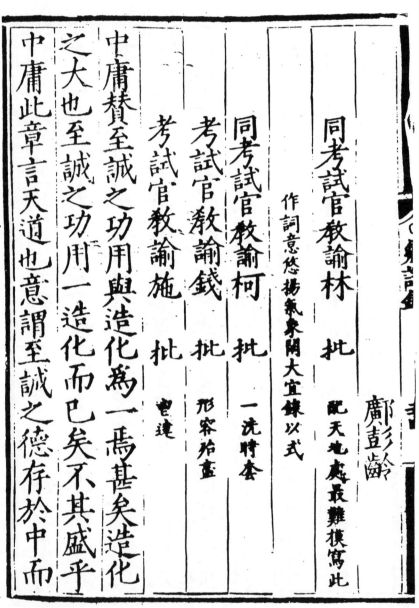

徵於功用者博厚高明悠久夫固覆載以成物
矣若此者其配天地而無疆者乎自博厚言之
物之所賴以爲載者極地所載矣以是配地雖
曰利溥而體不顯未始卑以法地也而用之所
在體亦在焉惠澤旁流一坤道之翕闢而廣生
也仁恩深究一坤德之含弘而咸亨也地以道
而極負荷之大聖人以道而極容保之全同此
博厚同此載也若其配然爾夫何歉乎哉自高
明言之物之所賴以爲覆者極天所覆矣以是

配天雖曰功深而形不露未始崇以效天也而用之所存體亦存焉神功峻極與皇矣之在上者同一機也至德於昭與昊天之曰明者同一道也天以道而爲羣物之祖聖人以道而立羣生之命同此高明同此覆也若其配然爾夫何悖乎哉自悠久言之物之所賴以成焉者愽學不可極也高明不可窮也天地之所成聖人亦成之矣以是配天地雖曰天位乎上地位乎下聖人囿於其間也而體立於用之中者殆相爲

無疆者歟道與天通而引之於勿替即其恒久而不已也德與地侔而埀之於有永即其安貞而有常也蓋天地以貞觀而不息聖人以貞一而久成同此悠久同此無疆也其究一而已矣夫何限乎是知聖人之於天地其不一者迹也其至一者道也道同故功用同功用同而迹非所論矣此天地聖人之所以合一也非至誠其孰能與於斯雖然此特自其功用之合一者言之耳若論其極則聖人者有功於天地者也彼

裁成輔相之宜範圍曲成之妙是有天地始不可無聖人焉故曰聖人非天地則無以開其始天地非聖人則無以成其終信哉聖人天地之用也然則配之云者亦合而有助之意豈徒合德而已哉

爲人臣者懷仁義以事其君

李曰巽

同考試官教諭張　批　題意全在一懷字通篇只以仁義事君言之此作特於懷仁義處說得分

明豈久有芹曝之誠者與端可以覘子他日用世
之志矣
考試官教諭錢　批　據仁義董存諸心不忘
之意作者類皆浮詞獨是篇發明真切他日庸以
績驗此其質言之徵乎
考試官教諭施　批　說得純臣事君之心非
但文字之工已也
人臣事君以道其有所感矣夫道莫太於仁義
也人臣事君者以之非有所感而然歟孟子告

宋牼以遊說之道而爲人臣立準也蓋曰人臣以事君爲職而必以仁義爲道其所係誠大矣一有所感爲人臣者孰不懷之以事君乎蓋好是懿德者人心秉彝之善而從上所好者臣道乎感之常君以仁義爲悅則臣之所懷以事之者舍仁義將奚之焉是故仁聲一倡而聞風興起相率以勸於仁由是而以仁事君固拳拳服膺而弗失之矣義聲一鼓而感激思奮相率以勸於義由是而以義事君固念念在茲而弗違

之矣本之心術之微而形諸承弼之下每有懷而弗忘根之由衷之篤而見諸啓沃之餘恒有事而匪懈君之所悅者仁也則心存乎仁而以仁爲愛君之至積吾誠以孚之殆必君仁莫不仁而後已焉君之所悅者義也則心存乎義而以義爲敬君之至盡吾力以維之殆必君義莫不義而後已焉其仁義之素具者樂行其道而持之以靖獻於君凡所以舉明主於有道之隆者何敢不自致也其仁義之未至者勉盡厥忠

而資之以將順其美凡所以引吾君於堯舜之道者何敢不自效也或推其居仁由義之藴而達爲仁育義正之方或竭其成仁取義之衷而進爲仁昭義立之助蓋欲爲臣盡臣道罔不以是存心矣臣之事君如此人君有是臣則有是政有是政則有是治治至於仁義而治莫以加矣尚亦有利哉大抵戰國之世仁義不明而功利之說勝孟子思以挽之而不可得也故遇宋牼而告之以此雖若爲遊說者過其流而萬世

人臣事君之準其不出此矣觀曾使慎子伐齊
復以志仁當道語之仁義之說蓋惓惓焉人臣
之事君又何以他求耶吾於是而知孟子七篇
萬世人臣事君之準也

易

乾元者始而亨者也利貞者性情也乾始
能以美利利天下不言所利大矣哉大
哉乾乎剛健中正純粹精也六爻發揮
旁通情也

鄺彭齡

同考試官教諭林　批　乾元四德皆造化之精
此作提掇分明而詞意精潔易能說天吾子非能
說易者耶

同考試官教諭柯　批　此是申明乾元統天之
義而六爻發揮即六位時成也是作結歸一時字
深爲得旨

考試官教諭錢　批　易能發揮造化此作能
發揮本題蓋深於易者

考試官敬諭施　批　宗津精微

文言詳著乾道之妙而易盡其蘊焉夫乾之德貫於元而統於天也非易畫之備何以盡其蘊哉文言之意豈不曰天道之妙無窮易書之理悉備觀易則知天矣何則天地之間本一氣之流行而有動靜耳自其動而觀之乾元以肇其端而萬物流形於資始之後其化機之必達也有不可禦者矣自其靜而觀之利貞以定其命而萬化保合於各正之餘其生意之中涵也有

不容息者矣然是德也雖流而不息貫之者元也故溥而爲亨嘉之利焉歛而爲機緘之神焉元氣流行於四時矣元其大矣哉是元也雖通一無二統之者天也故剛健不雜而純之極焉中正無邪而粹之至焉乾道兼總乎四德矣乾其大矣哉德之在天者其流行之化貫通之機統體之妙夫固見乎情矣聖人之作易也觀變立卦而天德之藴因卦以發立象盡意而天載之神因畫以示元亨利貞機之相禪而不已也

六爻相雜析之有以極其精剛健中正德之純粹而難名也六位時成合之有以盡其大故觀於易而天之情見矣是知天有至德與時而偕行者也易有至數與天而合德者也聖人作易其求端於天乎抑天之道大矣元亨利貞蓋德之紀也四時之所以行百物之所以生其皆出於此歟而聖人以六畫盡之何其曲而中也亦曰時而已矣時之所在天不能違故易非能盡乎天也天不能不盡於時也聖人知時作經而

與昊天同一道矣時也者其天道之原乎而易
之所從出乎學易者有見乎此則憲天立極之
治不外於易而得之矣

河出圖洛出書聖人則之

林津

同考試官教諭林 批 聖人則圖書畫卦蓋原
之本紀說者以叙疇並言只取洛書中數目意義
無謂此作具折衷與

同考試官教諭柯 批 題屬數目頗多繁泥可

厥獨此篇圓融流麗而圖象具存其殆得意而得

言者宜錄

考試官敎諭錢　批　得聖人作易本意

考試官敎諭施　批　宛然易書在目

觀造化所以顯其數而聖人作易之準在是矣蓋圖書顯造化之數而易理寓焉者也聖人作易一準是耳何容心哉大傳推聖人作易之原如此意謂易之作也有數而數之洩也有機吾玆考於河之圖洛之書而得其機矣彼河洛者

天地之中也於是而圖書以出焉夫固靈秀之
所鍾而不容秘者也圖書者天地之數也以是
而出於河洛焉夫固機緘之自彰而不容已者
也自河圖而觀之以五生數統五成數而同處
其方中外之相維上下左右之相錯何其燦然
備也要之一奇一耦以兩而成體者矣自洛書
而觀之以五奇數統四耦數而各居其所內外
之相合縱横經緯之相對何其昭然列也要之
或多或寡以一而致用者矣若此者人知其爲

聖人之瑞也而不知天地之數莫之能外也人知其爲天地之數也而不知易書之作莫之能違也虛中以爲體萬化之生於心也其太極本然之妙乎由是分陰分陽兩儀立焉而奇耦之各足無非效法之所在矣分列以爲用四象之肇其變也其動靜所秉之機乎由是兼陰兼陽八卦陳焉而隅正之析合無非制法之所準矣圖書相爲表裏而數與理合若以啓聖人先天開人之智奇耦相爲錯綜而象與數合可以觀

聖人憲天立極之原大哉易也斯其至矣是則
圖書者數也莫非理也易書者象也莫非數也
象數合而理寓矣特假手於聖人焉耳何容心
之有大抵聖人制作所由初非一端俯仰遠近
皆可以發聖人之獨智數在圖書者特其一耳
非聖人專藉是以比擬而後為之也先民有言
曰聖人見河圖洛書而畫八卦然何必圖書果
無圖書八卦亦須作斯言得之矣彼以圖書為
不足信者固未考信於經或謂據河圖以畫卦

據洛書以明疇者尤未達其數之有交互而無
乖戾也皆不足以語聖人制作之原
書
惟臣欽若惟民從乂
李曰巽
同考試官教諭張　批　題本正大篇中作者類
多浮泛不切此作發揮臣民感化處精當宜錄以
式
考試官教諭錢　批　欽若從乂俱本憲天聰

明上講得旨

考試官敎諭施　批　醇正

大臣言臣民協應于君以其治之憲天也甚矣至公之感人也臣敬順而民從治焉人君憲天之效有如是哉傅說論治于高宗之意若謂至一者天人之理而至神者感應之機人君能憲天矣而其效何如耶夫臣莫非代天之工則敬順者其心也惟無以感之斯已耳君能法乎天焉則觀感於大道之公而百官之承式者祇載

而弗遑範圍於無私之化而庶明之勵翼者肅
將而匪懈蓋王者配天以出治匪人自精白以
承休百辟卿士其職固不同也凡則吾君之聽
明而奉之以為聞見者將布公之恐後矣其有
自負于君而不欽若者耶民莫不有天命之性
則從治者其心也惟無以動之斯已耳君以天
為憲焉則表正之體以端而百姓之與能者順
帝則而無外大觀之儀在上而黎民之敏德者
遵王道而無偏蓋王者繼天以立極斯民自歸

極而不違畿甸要荒其地固不一也凡仰聖人之聰明而循之以爲耳目者將怙冒之如天矣其有自外于君而不從乂者耶此見君身萬化之原而憲天實治之要也王其勉之而徵諸臣民也哉抑天之聰明豈易憲者欽明如堯文明如舜其憲天也至矣要其所自則精一以執中者亹亹不倦蓋以敬爲之本焉高宗恭默思道夢帝賚弼固能敬而心通于天者故傳說進見之始卽以憲天聰明之說告之而以論學繼焉

然則欲憲天者非主敬而緝熙于聖學其奚可哉

其自時配皇天毖祀于上下其自時中乂

鄺鸞

同考試官教諭張　批　宅洛以盡天人之責是作發揮明盡末以君臣交相嚴重為說尤善

考試官教諭錢　批　正大純粹發明周召忠愛之情宛然

考試官教諭施　批　整飭

大臣引言營洛足以盡君道之大焉蓋君道莫大於配天事神治民也而皆於營洛焉得之是可不知所以自盡乎召公述周公之言以勉成王意謂經國固以宅中為要而人君則以盡道為先觀旦許洛之言則知王自服之事矣以為大邑之作豈徒然哉惟天定位乎上而君成位乎中匪洛無以對越之也茲焉卜休恒吉而中土永奠則體元德以承無疆之休致中和以收位育之效所以祈永命而迓天休者此其基矣

不自是以配皇天乎惟王幽典神天而享答鬼
神非洛無以肇稱之也茲焉營度伊始而郊廟
有嚴則盡志以明萃渙之儀殷薦以成仁孝之
典所以格皇天而衍烈祖者此其地矣不可以
毖祀上下乎至若躬萬化之原以樹四方之極
惟王匪洛不足以建中圖大也茲焉天人胥協
而道里適均則都邑建臣民之中而王道之敷
將四達而不悖畿甸符陰陽之會而德施之溥
可廣被而無方典獻敦於朝廷而聲教訖於四

表所以莅中國而撫四夷者此其所矣不自是
以中乂斯民乎是則曰配天曰毖祀則所以敬
德祈天在是矣曰中乂則所以諴和小民者在
是矣洛邑一成而君道咸備紹上帝而自服土
中奭之言豈不驗之旦而益信哉王當知所以
自盡矣抑于是而可以觀成周致治之由也事
天祀神治人之說周公發之召公述之皆期成
王之自服無非以精純之道格君心者成王則
悉推本於周公之明保又若不敢以已與能焉

是君臣之間其於天神與人之際亦嚴重矣則
其終成有道之長也固宜

詩

我馬維駒六轡如濡載馳載驅周爰咨諏
我馬維騏六轡如絲載馳載驅周爰咨
謀我馬維駱六轡沃若載馳載驅周爰
咨度我馬維駰六轡旣均載馳載驅周
爰咨詢

周宗禮

同考試官教諭熊　批　格局嚴整筆力清健且
於周王遣使之情使臣效忠之義藹然言外可以
爲式矣

考試官教諭錢　批　氣充而詞達

考試官教諭施　批　清順可觀

王者之遣使臣必歷敘其咨訪之勤以諷之也夫奉使之務咨訪其要矣王者歷敘其勤以遣之其諷之之意乎此遣使臣之詩而託爲使臣之言也其意若謂王者存心於天下而寄耳目

於使臣夫固惟靡及之懷矣亦將何以補其不及哉是故我馬既駕則維駒矣六轡在手則如濡矣以是馳驅非謾游也蓋以一人之聞見有涯而事幾之伏也無盡其必隨吾所至而咨諏之必周焉庶乎衆思之集忠益以廣而物情自是其可通矣我馬既佶則維騏矣六轡在御則如絲矣以是驅馳非徒行也蓋以一人之識慮有限而事變之來也無常其必隨吾所歷而咨諏之必周焉庶乎嘉猷之告圖難攸濟而民隱

自是其可察矣然而靡及之懷豈但已哉我馬
則維駱而六轡則沃若矣載驅薄薄夫何為者
耶誠以天下之務擬議必求其中節而會通之
覯殆非咨謀之所能悉也由是自爾師虞必揆
諸理而度之弗審弗措焉蓋將以濟夫謀之所
未及焉耳我馬則維駰而六轡則既均矣載驟
駸駸又何求者耶誠以天下之務旁詢必貴於
僉同而輿論之公殆非咨度之所能盡也由是
稽於有衆不失其親而詢之弗得弗措焉蓋將

以濟夫度之所未及焉耳夫諏謀度詢周有不周則上德於是乎宣下情於是乎達而靡及之懷亦於是乎慰矣周王命使而歌此以遣之蓋亦所以爲戒也抑周官載行人之職以五物治其事及其萬民之利病與夫禮俗政事敎治刑禁之逆順各爲一書以反命于王而周知天下之故周之使臣其亦行人之類者乎而其所咨訪殆亦不出此數端耳至於左氏說詩亦以咨事爲諏咨難爲謀咨禮爲度咨親爲詢辭雖小

興而大旨則同周之盛際所以幽隱畢達而成
天下之亹亹者其亦用是道歟
武丁孫子武王靡不勝龍旂十乘大糦是
承邦畿千里惟民所止肇域彼四海
蒲凝翠
同考試官教諭熊 批 頌高宗中興之德重奮
伐荊楚赫濯威靈深得詩人之旨而詞藻俊逸氣
格老成尤足占所蘊宜錄以式
考試官教諭錢 批 簡古

考試官敎諭施　批　純正

詩人頌賢王以武德而茂中興之業焉夫萃羣
后而廣封域中興之績偉矣非商王武德之競
其孰成之此商人祭祀宗廟之樂至此則叙武
丁中興之功也若曰王者之御世孰不欲與天
下相安於無事也顧先澤之既遠而玩愒之勢
成不有神武之令主抑何以光復昭代之隆乎
惟我武丁孫子也襲徽號于列祖克紹智勇之
傳昭大武以建中允勝弘濟之任荊楚一伐蓋

列辟懾其靈殷邦再造蓋海宇仰其列烈興衰起替之獻舉之無有弗勝矣是以天下諸侯向甞受命助祭于武湯之世也自太庚而後雖鐘虡不移而七世之廟其無諸侯之迹也亦久矣今則駕十乘之龍旂奉大糦以承祭薦玉薦帛望先后而肅雍者與何異於方命厥后之日乎侯甸要荒向甞輿圖混一於武湯之世也自小乙而上雖郊圻若故而四海之廣其自外於聲教者亦多矣今則近而王畿千里之民遠而四海

提封之衆同文同軌仰商邑而作極者曾何敀於奄有九有之時乎是則一旣渙之人心而復全盛之天下武丁之中興如此可謂於湯有光者矣玆其所以爲可頌歟抑武丁中興豈專於武哉觀其受學甘盤旁求傅說終始典學梅櫱交脩則其中興之勃然固端有所自者武功之競蓋其乗弱之後勢不得不用威以振之非德不務滋而黷民以逞爲也其一怒而殷道再興也固宜

春秋

齊師遷紀郱鄑郚　莊公元年

陳崇讚

同考試官教諭程　批　講師遷意盡而詞暢春秋義之最精者

考試官教諭錢　批　櫽括傳意蔚然成章是之取爾

考試官教諭施　批　明整

大國用衆以併小春秋所以惡之也夫齊之於

紀不能恤之而顧用衆以併之暴亦甚矣斯其所以見罪於春秋慨自襲紀之謀未遂而戰紀之師告衂齊人之憤未息也用是大集其衆而有郱鄑郚之遷焉春秋之罪之者不曰大國者小國之所仰望者乎彼紀以弱小之邦而密邇于齊宜若臭味之相同也彌縫其闕而匡救其失若弗暇者顧乃肆其强暴忍心而加紀之兵懷夫宿憤無故而遷紀之邑大衆悉行而志期必逞紀之民非不足守也顧泰山之壓誰其能

支是故三邑告遷非復紀人之世守矣三軍竝
出而功欲速成紀之民非不重遷也顧崑岡之
炎誰其撲之是故數圻之兼非復先王之封域
矣齊豈不謂得其地可以廣吾之土也而不知
兼弱攻昧武之善經也紀非弱而昧者乃肆其
兼併之謀忍哉齊之爲心也又豈不謂得其民
可以益吾之衆也而不知興滅繼絕王者之心
也紀非滅而亡者乃恣爲脅持之術傷哉紀之
不幸也吾知田里之棄蓬藋之刈紀非有撣而

取之也强弱之弗敵雖有懷土之情而孰敢有遊哉道途之勤營築之勞齊非不惻然有隱也貪得之心勝惟是啓疆之圖而遑恤其他哉卒之鄣邑入而析地以圖存國都去而遁逃以苟免君子謂紀之滅也不在於滅之之日而在於三邑告遷之時矣春秋深有惡於是也故邑不言遷而此以遷書者以見紀人自是而遂滅也遷不言師而此以師遷者以見齊人用衆以迫之也襄公之罪不於是而具見哉雖然豈獨齊

可罪哉夫紀齊之世讎也固齊人欲得而甘心者于紀之戰何爲哉君子蓋有隱憂焉而紀獨弗悟耳然則三邑之遷非齊也紀自遷也國都之去非齊也紀自去也噫小國讎大國而幸勝焉未有不反中其身者吾固表而出之以爲不能省德相時者之戒

公會晉侯宋公衛侯曹伯齊世子光莒子邾子滕子薛伯杞伯小邾子伐鄭　秋七月己未同盟于亳城北公至自伐鄭

楚子鄭伯伐宋 倶襄公十有一年

潘甲第

同考試官教諭程 批 專以責鄭爲主得聖人之意然且詞簡理明尤非諸作所及

考試官教諭錢 批 詞不繁而意獨至其邃於經學者乎

考試官教諭施 批 精當

春秋詳紀兵信而深惡貳國之瀆盟焉夫小所以事大信也鄭既同盟于晉而復背之信何有

焉此春秋所以惡之也且北林興師鄭嘗請盟
于亳北矣及諸侯之言還也乃復從楚以伐宋
焉說者謂子展致晉之謀也春秋之罪鄭者何
蓋有國者非外患之足虞而不能守信之爲患
鄭介天下之衝處必爭之地使能堅信以決從
違之幾則晉可固與而楚不來矣奈何輕聽子
展之謀以爲苟免之計東門受師旣俛首而爲
亳北之盟乘廣甫臨復荷戈而同伐宋之舉方
受成於內而旋服役於外非事人之周也幸協

志於伯而猶貳心於楚非與人之一也茍曰欲致晉而固與之也曷思晉可與也信亦不可失也矧司慎司盟之質其陳之載書者可懼也而敢於背之則鄭也果何貴於盟哉茍曰欲敵楚而始外之也曷思楚可外也盟亦不可渝也矧先王先公之要其失諸天日者具在也而忍於棄之則盟也果何貴於同哉設兩端之謀以倖一朝之安陳二境之盟而忘久要之信善於謀國者固如是乎故春秋於伐鄭之下旣書同盟

又書楚鄭伐宋者以見其既同又叛而鄭之反覆爲可惡也噫此盟誓之不足恃而伯者之所以行乎諸侯也蓋必有出於言令之外者矣雖然使晉悼而鄭簡焉則懷疑蓄慝人愛其情其曷以挽同傾危之俗耶蕭魚一會信鄭不疑卒得其心服久而不叛而楚亦不敢復爭故觀于蕭魚之會而知誠之不可已也夫雖然息民之謀不戰之策悼公之所與圖惟者豈其鮮哉傳曰得人者興宜悼公之伯業勃然也

禮記

慮之以大愛之以敬行之以禮脩之以孝養紀之以義終之以仁

曾　遷

同考試官教諭胡　批　體貼本記極明白而詞尤峻整錄之

考試官教諭錢　批　修詞清雅

考試官教諭施　批　發揮明淨

聖王舉養老之典而曲盡其道焉夫年之貴于

天下也久矣聖王於老者而曲盡其所養之道其典不亦隆乎記養老之典而終之以此意謂孝弟人道之大經教化國家之大務聖王之記事也寧不於養老而致意乎是故親其親矣而老近於親聖人思以廣孝故謀之於心而推其致養之恩于以教天下之爲人子者也長其長矣而老近於長聖人思以廣弟故慮之於心而崇其優養之典于以教天下之爲人弟者也夫旣慮而行則適序設席靡所不舉矣然愛以敬

爲主匪敬則怠故省具不以爲勞賓雖未至而敬則有先也敬以禮而將匪禮則疏故迎肅不以爲佋賓之方至而禮則有加也禮既行矣於是而脩其孝養焉作樂酌醴雍雍乎咏以獻之也養既脩矣於是而紀之以義焉及席登歌秩秩乎諧以成之也及夫樂之既闋禮斯畢矣乃命之諸侯焉引年之典徧及乎羣服命之羣吏焉尚齒之儀下逮於鄉遂則一人之恩罔有不洽天下之老罔有或遺矣斯不亦終之以仁乎

夫聖人舉養老而始終致慎如此國人觀之將起其愛敬之心天下化之殆愉於禮讓之節孝弟之風大同於天下矣考之四代德爵富親各異其貴而尚齒皆同則聖人所以化天下者有道矣是後僅見於臨雍之一拜而粟帛之賜亦於詔令閒一行之外此無聞焉聖人所以躬行立教者皆視為儀文末節矣噫有志於聖人之身教者自養老始焉其庶幾乎

樂者敦和率神而從天

劉裁正

同考試官教諭胡　批　詞不繁而理自明可謂識樂之情者

考試官教諭錢　批　發揮敦和義親切有味可錄

考試官教諭施　批　簡淨

記者論大樂之作裕於和而合於天焉蓋天有自然之和而作樂因之是樂有天道矣不可以觀樂道之大哉樂記之意蓋曰樂之作也原其

始天固示以效法之機要其終樂實與於贊化之妙是故聲音克諧不但和其心而已而造化無心之和殆昭於是焉舞蹈雍容不但和其形而已而造化無形之和殆導於是焉欣喜歡愛之情一合同而化之盛也謂非至和之洋溢乎優柔平中之美一春作夏長之仁也謂非太和之流通乎然是和也在氣則為伸在天則為陽本通一而無二者也玆既有以敦和焉則化醇之暢達而和氣之伸者樂與之而同伸絪緼之

畢彰而陽氣之運者樂循之而竝運順其保合之眞有以遂顯仁之用至和之洋溢其上符於天載之眞者耶循其發育之德有以鼓生成之機太和之流通其潛通於神明之德者耶叶此聖人所以作樂以應天而象功宣德其義大矣雖然聖人之作樂豈特應天而已乎有裁成輔相之道焉蓋陽氣推行恒失之有餘聖人宣節其氣以歸之中故樂作焉是節之者固所以敦之也此之謂佑神道此之謂成天能而大樂與

天地同和矣噫天不言而信神不怒而威非達
制作之原者其孰與語此

第貳場

論

聖王致雍熙悠久之盛

李學一

同考試官教諭熊　批　題本正大而作者多涉
常語此篇議論宏深詞氣昌裕佳士也

考試官教諭錢　批　闡揚道化殆盡可錄

考試官教諭施　批

氣充詞暢

論曰聖王所以致盛治於無疆者其本諸道而已乎所以運是道者其本諸心而已乎蓋心也者道之會也治之所從出也治而不本諸道則施之也無其具道而不本諸心則出之也無其本如是而欲其治之盛焉不可得也矧可垂之於久乎古之聖王有見乎此故其欲致治於天下也不求之於政而求之於道不求之於道而求之

於心心以體道道以運政則其出之也爲
有本而所以行之也爲有自存之爲天德
之純達之爲王道之大而道之巍乎不可
及治之卓乎不可尚以仁天下以及後世
舉無以踰此矣聖王致雍熙悠久之盛此
我
成祖文皇帝御製性理大全序之文也大哉
皇言其萬世君師之極乎且夫天生民而立之
君天生君而篤之聖是聖人者固天地之

所恃以立心而民物之所恃以立命者也於此而無道以宰之則天下之民散然處雜然集而喁然以待於吾之一人者將何以為匡濟之具而聖人之治亦於是乎窮矣聖人其亦何辭于天下自今觀之天下至大也生民至衆也而老者欲其安少者欲其養凡疲癃殘疾顛連而無告者皆欲其有所濟聖人養民之責其重為何如也父子欲其有親君臣欲其有義長幼欲其

有序朋友欲其有信夫婦欲其有别聖人
敎民之責其重爲何如也聖人以其一身
任之使非道以達其化則見之於外者推
之而有所不準非心以運其道則存之於
中者動之而有所不神吾之敎養乎民者
雖有無窮之心而恩澤不能以下究則民
之相戕而相賊者有以戾吾中和之化矣
是將求其熙皡之風見之於一時且不可
得而况悠久無疆之盛乎夫惟古之聖王

知天下之治不自治也而本於吾之道知吾之道不自行也而本於吾之心故其所以治安天下誠有不能已於脩道之功者是故堯之兢兢舜之業業禹之克勤湯之制事制心文王之望道未見武王之敬勝義勝汲汲然欲自底於聖脩之極而致雍熙悠久之盛者皆於心焉求之而其欽明文思之體濬哲文明之德祗台聖敬之休徽柔執競之盛誠足以端治本而運化樞

故其心及於養民也則田里制焉樹蓄斂
焉賦斂薄焉而凡老者幼者疲癃殘疾者
與夫顛連而無告者無不各遂其生矣心
及於教民也則學校設焉民性復焉人倫
明焉而凡為父子為君臣為長幼為朋友
為夫婦者無不各得其道矣此其治之不
外乎一道道之不外乎一心存之為天德
發之為王道而不匱之恩合同之化胥此
出矣故當其時景星慶雲和風甘雨日月

不餓霜雹不災而太和之氣洋溢於天矣河出圖洛出書鳳凰儀于庭蓍草生于郊而太和之氣薰蒸於地矣君子和於朝庶民和於野仁讓成俗禮樂爲家而太和之氣流衍於人矣聖人之政在一時則雍熙之盛在一時聖人之政在萬世則雍熙之盛在萬世何也聖人之心道之管也治之原也政之所在莫非道也道之所在莫非心也其存之也爲不已之純而運之也爲

達順之化而聖人之一心固已置之而塞乎天地溥之而橫乎四海施之後世而無朝夕矣譬之天地之於物焉日月以暄之雨露以潤之所以生之者其道不一也震之以雷霆肅之以霜雪所以成之者其道不一也而又元而亨焉利而貞焉貞而復元焉所以生而成之者其道又不已也然而上天之載無聲無臭而一元之理固有默運而不知者何也上天之神惟一故其

所以造化乎萬物者出之自不見其窮而有所勞也故曰天不言而四時行百物生聖王之治何以興此故時雍風動人知堯舜雍熙之治若是乎其悠久矣而不知其所以致此者則堯舜之心爲之也平成允殖人知禹湯雍熙之治若是乎其悠久矣而不知其所以致此者則禹湯之心爲之也咸和永清人知文武雍熙之治若是乎其悠久矣而不知其所以致此者則文武

之心爲之也大哉心乎其諸王道之本而致治之源乎雖然聖人之心不可得而見矣而六經者則固聖王經綸之迹存焉心法之精亦寓焉者也後之爲君者惟會通乎六經之道則易可以爲生民之府書可以爲長民之府詩可以爲成民之府春秋可以爲藏民之府而聖王之治法心法固已兼舉而無遺矣尚何雍熙悠久之盛不可及乎故曰聖人以經法天

表

擬壽星見羣臣

賀表永樂十四年

周宗禮

同考試官教諭熊　批　壽星乃

天心昭示

聖人福德之徵道蓋本聱浮詞獨此作渾厚莊雅錄之

考試官教諭錢　批　楊騰

聖人悠久無疆忠愛之意溢於四六之外可以

獻矣

考試官教諭施　批　駢麗典則

永樂十四年八月某日巳酉臣等恭遇壽

星晨見者伏以

帝道光華

寶籙啓千年之

景運

乾文璀璨璇臺符

萬壽之

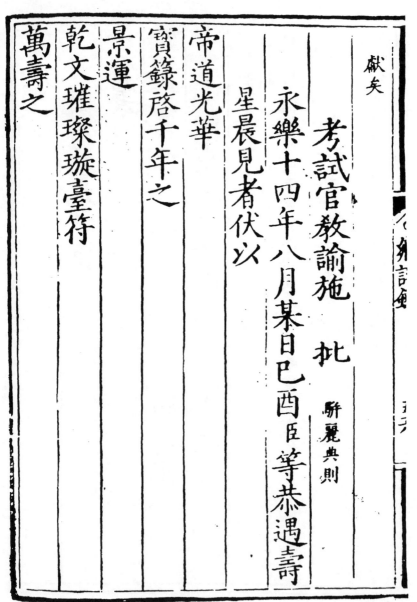

昌期
太清發開世之祥寰宇動齊
天之慶輝騰
紫極瑞靄
彤墀仰覩
一德之孚用識八荒之泰臣等誠懽誠忭稽首
頓首上言竊惟
天垂象而庶徵見蓋神應之匪誣
國有道而多祜臻肆誠通之不偶粵昔帝王

之世悉多象緯之昭大電樞繞於軒皇華
渚虹流於白帝聚井東而肇漢現秦野以
昌唐逌夫有宋之初年亦紀聚奎之盛事
無徵靡信有開必先顧人間諸福以壽為
尊而天上列星惟極最貴睠茲南極厥有
壽星位連弧矢之間光集井垣之次際秋
分而丙見迄春仲以丁潛緣其入地之度
頗深是以麗天之明最遠第逢間現即屬
嘉禎占六

人主壽昌亦曰黎民和乂非時不出寧同嘒嘒
繁星應
運而升不數煌煌列宿自非雍熙之
盛世安覩昭曠之
貞符
天何言哉象乃見矣恭惟
皇帝陛下
道合三辰
明侔七曜

監觀有赫一怒而畿甸允清
旁燭無疆四征而要荒胥服
勑法符雷霆之震熠
敷言同雲漢之昭回
耿光遍徹于蒼旻
清問時厪于黃髮憲
天立政水火金木土穀惟脩稽古授時曆象日
月星辰咸若乃者
治溥化光風熙俗洽和氣內融

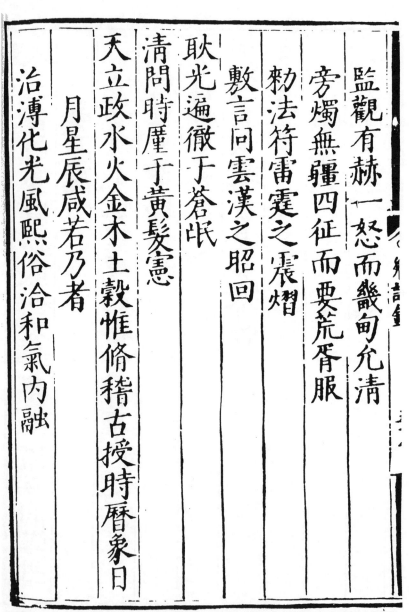

玉宇精誠上徹
皇穹懷
明德之維馨顯上星而作瑞時維八月序屬三
秋方五金布令之期適萬寶告成之會清
商淅細玄鳥載旋爰當己酉之晨遂有壽
星之見
朱扉未啓皤然瑞彩凝暉
禁漏初闌爛矣玄精闡耀羲和獻吉太史叶
占歲測景於南郊向虛推候茲垂光於離

位始識明徵彼迎陽之宿非不朝輝而啓
明之星亦先日出但無關於
帝曆抑何裨於人寰壽而臧壽而康
一人永命之洪庥自今伊始樂其樂利其利四
海長春之介福行且見之蓋眞
昭代之奇逢而爲
清朝之快覩者也臣等學慚經緯叨聽履於
星辰才謝斡旋濫依光於
日月班聯太乙敢擬老成之宿儒位切上台徒

仰照臨之
大德觀星文之入望欣
壽域之宏開
王道蕩蕩以難名駿奔莫效
聖壽綿綿而有永雀躍彌深伏願
無逸懋昭
有乾欽若順陰陽而齊七政調盈縮以式九
圍海潤星暉永奠烝民於仁壽天長地久
恒躋熙世於和平

文明貽百世之謨
慶曆演萬年之緒臣等無任瞻
天仰
聖激切屏營之至謹奉
表稱
賀以
聞
第叄塲
策五道

第一問　李學一

同考試官教諭熊　批　我皇祖皇上默契道真繼堯舜相傳之統子能揄揚其盛佳士也

考試官教諭錢　批　莊雅豐贍宜錄以式

考試官教諭施　批　善鋪張揚厲取之

聖人之道天道也道統之傳俟百世而不惑者也聖人之學心學也心法之一曠百

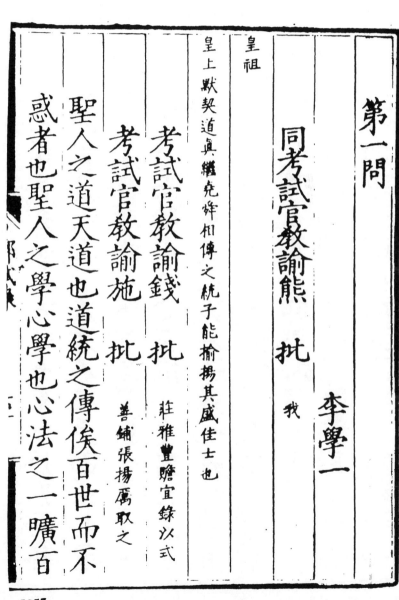

世而相感者也夫道之大原出於天而其
體則具於人心聖人者人之至而道之管
也天不變聖人之道亦不變統乎天者也
天惟一而聖人之心亦惟一達諸天者也
統乎天者先天而天不違者也是故俟百
世而不惑焉達諸天者後天而奉天時者
也是故曠百世而相感焉俟百世而不惑
者其道同也曠百世而相感者其心一也
心一則道一道一則天下之治出於一而

天下之亹亹者成矣此先聖後聖之所以
相傳一道而其揆一者歟明乎此則我
太祖高皇帝暨我
皇上之所以上接聖王之統默契心法之妙者
可得而揄揚矣今夫斯道之流行於天下
也猶元氣之流行於四時也維天之命於
穆不已元以始之亨以通之利以遂之貞
以成之四德循環而無端而天地之歲功
成矣聖人之道流行不息或開之於先或

繼之於後或見而知之或聞而知之一道
相傳而不絕而帝王之統緒遠矣原夫遂
古之初風氣未開淳風沕穆至於犧農圖
書始見文字始制然而太朴未散法制未
備其道統之傳心法之要遐哉邈乎其詳
不可得聞也犧農既往堯舜繼作既先天
以開人亦因時以立教其曰允執厥中者
堯之所以命舜也其曰惟精惟一者舜之
所以命禹也萬古心學之源至是始開而

帝王道統之傳肇於是矣自是而祗台德
先聖敬日躋非禹湯之得統於堯舜者乎
自是而緝熙敬止敬勝不怠非文武之得
統於禹湯者乎是上古聖人之道堯舜肇
其基也禹湯文武衍其緒也孟子歷叙羣
聖之統始於堯舜而迄於文武非以是與
至於吳澄氏之論乃以羲農爲元堯舜爲
亨禹湯爲利文武爲貞非羲農之有加於
堯舜也蓋時有先後道無污隆皇之所以

皇帝之所以帝王之所以王其揆一也而
孟子之不及犧農者亦以先天之畫精蘊
尚微執中之傳自堯舜始發耳孔子刪書
斷自唐虞孟子之言蓋本諸此不然文武
之道上同伏犧豈以犧農而顧無與於斯
道耶乃如邵雍氏之論則以三皇爲春五
帝爲夏三王爲秋五伯爲冬非五伯之足
繼乎三王也蓋時至事起天運人從由皇
而帝由帝而王由王而伯其勢殊也故邵

子之敘及五伯者亦以道德寖微功利日
勝風會之流至五伯愈下耳孔子敘書終
於秦誓邵子之意蓋取諸此不然仲尼之
徒無道桓文豈以五伯而可與於斯道哉
三代而下去聖益遠嗣是而漢而唐而宋
世統雖傳而聖緒弗紹過曾祠聖似矣而
詩書不事故其治雜伯力行仁義似矣而
內多慚德故其治雜夷闢門喻心似矣而
議論多聲容盛故其治優柔而不振要皆

隨時出治因陋爲功而於聖人之道統心
法槩乎其未有聞也時至胡元而天地之
否塞斯道之晦盲極矣夫貞之極不能不
反而爲元冬之極不能不反而爲春然則
承道統之正而啓天運之元其不有待於
今日乎洪惟我
太祖高皇帝中天而興獨稟全智懋建人極默
契道眞是誠天生
上聖以爲

中國臣民之主以紹帝王道統之傳者也愚
生跧伏海濱而竊聞
謨訓於萬一矣
御文華殿而朱善侍則與之論道心倚伏之機
是卽堯舜危微之旨也建
觀心亭而宋濂侍則與之論人心操存之難
是卽堯舜精一之訓也至於
諭曾魯而曰存於中者無堯舜之心而欲施於
外者有堯舜之治不可得也非以堯舜之心

爲心而以堯舜之治爲治者其孰能與於

此此其得統於堯舜居然可見矣然而

聖德淵微

神謨宏遠豈惟是哉伏觀

祖訓之著

日曆之紀

集禮之頒

律令之定其善政之施莫非唐虞之彝典也

大誥有編

學校有碑
資世有訓
教民有榜其善教之敷莫非唐虞之明訓也
夫是以帝王道統之傳絕而復續帝王心
法之精晦而復明其與堯舜先後而一揆
矣至我
皇上稟明聖之資
纘帝王之統致中和以成位育之功合天人
而盡倫制之善因諸臣議禮而作

明倫之典推明統嗣之異辨析衆言之淆
尊
親竝隆而不悖情義兼盡而無違所以正萬世
之綱常者明矣因講大學衍義而作
翊學之詩以務學爲圖治之先以正心爲脩
身之本而洞觀萬化之原克慎一念之獨
所以著
聖學之全功者備矣
敬一有箴則以儆戒無虞日新不已爲訓無

逸乃逸逸之義也四箴有註而以辨賢否審
聽納善號令合道理爲訓雖休勿休之旨
也至於
大狩有錄尊
親之孝也
欽天有頌昭事之誠也
平臺有詠交儆之義也
感雨有詩恤民之心也自一言一動以至於
萬事萬化無往而不以天自處無往而不

以道自脩其得統於堯舜者眞同符於
聖祖矣夫日月之得天而久照也以其貞明四
時之變化而久成也以其常運
聖人之久於道而天下化成也亦惟法於穆之
不已體至誠之無息而始終典學緝熙聖
敬其靜也與
天而同體其動也與
天而同用其雍熙悠久之盛亦將與
天而無極矣愚何幸身覩見之

第二問

鄺彭齡

同考試官教諭林　批　數子質學評品精確而篇末以孔孟爲準尤見定志之學

同考試官教諭柯　批　學知所宗品藻尤當

考試官教諭錢　批　深於理學者宜錄

考試官教諭施　批　析衷明悉可錄

論學者必本其師道之淵源而後可以語所學之正造道者必詣其聖脩之極致而

後可以任斯道之傳何謂道大中至正歷
萬世而無弊者是也何謂學致知力行全
體而不息其功者是也自天下無眞儒而
曲學異端適爲斯道之障求其崇正學而
不失者不曰本於斯道之淵源乎自天下
無善學而駁雜偏倚無益傳道之功求其
寄斯道而有望者不曰由於聖脩之極致
乎此吾于程朱門人固未嘗不幸其依歸
之有人各得其造詣之正而亦未嘗不惜

其學問之未廣踐履之未深終無以得其眞而會其大也請詳言之昔韓愈有言曰由周公而上上而爲君故其事行由周公而下下而爲臣故其說長故知帝王者行道以立極者也聖賢者明道以垂範者也諸儒者衛道以覺人者也由周公而上精一執中之旨授守一道異世同符無待論矣其在春秋則衍之爲洙泗之傳在有宋則衍之爲濂洛之學然孔門之徒三千羣

飲江河各充其量唯顏曾子思得其源曰
一貫曰博文約禮曰擇善固執得非其傳
心之要典耶惟孟子繼其後曰私淑曰知
言養氣曰存心養性得非其願學之蘊奧
耶視精一執中之旨堯舜禹湯文武伊周
之相傳者眞不媿矣迺若濂洛諸子袒洙
泗之分流爲道學之正派其學之最正而
得之最多者則河南二程子建安朱子而
已觀夫表章六經直窺堂奧排斥異論獨

契聖眞及敎人要領則曰涵養須用敬進學在致知程氏之學是卽博約存養之遺訓也觀夫貫串百家著述經傳精思實體遂集大成及敎人旨趣則曰窮理以致其知反躬以踐其實朱氏之學是卽博約存養之遺矩也故其門人高弟傑然竝出不惟在學者一時崇尚之雖其師亦從而稱與之矣其在程門有資質温厚如游酢者則以可與適道許之有篤學力行如朱公

掞者則因其沒齒悼之深潛縝密而過于和叔者非呂大臨乎切問近思而才能充廣者非謝顯道乎楊時別去潁川而有吾道南矣之與尹焞不喜仕進而致不失其正之稱有與其信之篤得之多行之果守之固者迺久于其事之劉質夫也有稱其才識潁邁語錄獨得其意者迺相聚不久之李籲也其蒙許可如此若足以得程氏之眞而紹其統者然定夫流于禪光庭傷

于激與叔蹈拘迫之病顯道有玩物之譏
以龜山之敏而竟以赴召于蔡京以和靖
之高而不能開悟乎人主春秋傳成質夫
尚有未定之見歳餘聚學伯端猶歉操履
之功之數子者其淵源非無自也其信道
非不篤也其才識資力非無一長可取也
求其頓悟眞積如顏曾之默契也何可得
焉蓋涵養雖加莫究精純之極致知雖力
或遺一貫徹之功所謂擇焉而未精學焉未

至者斯數子之謂矣夫見諸許可者如此況其他乎其在朱子之門如啓蒙未備則稱爲老友而屬之蔡元定書傳未就則環眡門下生而屬之蔡沈禮書成而曰吾道之託在此非志堅苦思之黄幹乎進學勇而曰他日必任斯道非諸生先訪之李燔乎已見本原者陳淳近裏之學也學有根據者廖德明切近之功也張洽可以求斯道之傳而併期于直卿杜知仁有意切問

近思之學而引進于良仲其裔屬望如此若足以體諸子之大而繼其傳者然易學啓蒙猶事于屬藁書傳典謨尚待于改正黃幹乏于悠游自得之思李燔偏于直諒樸實之質陳淳下學之未至物理頗遺子晦見樂于山水未免徇象春秋禮記而欲其通曉元德似失之穿鑿切問近思而但云有意知仁未得于躬行之數子者其依歸非無人也其志向非不正也其氣質學

問非無一節可稱也求其精思力體如思孟之傳述也何可得焉蓋理雖窮而究之未盡何以極深而研幾實雖踐而充之未全焉能義精而仁熟所謂舉之而莫勝行之而莫至者斯諸子之謂矣夫見於屬望者如此況其他乎雖然程氏之學固非其門人所能逮矣而其有功於程子者則楊尹二子居多焉觀朱子之言曰龜山所得亦深又曰和靖成就一敬字楊尹之潛心

于涵養致知之學者豈諸子之可望耶朱氏之學固非其門人所能及矣而其有裨于朱子者則蔡氏父子尤力焉觀黃氏之言曰元定在先生門可謂傑然者又曰蔡氏祖孫三世一轍蔡氏之獨得于窮理實踐之功者亦豈數子之可企耶又嘗論之學力有差等辨之貴析聖道有極至體之貴全光風霽月胷次悠然濂溪非程子之師乎程子慨然以興起斯文爲已任推而

廣之遂功比孔孟則道不在濂溪而在程子矣冰壺秋月瑩徹無瑕延平非朱子之師乎朱子毅然以斯道爲己責擴而大之迺功符哲人則道不在延平而在朱子矣使二氏門人不泥于師傳不安于近小會其眞焉推而廣之集其大焉擴而充之豈不可以續程朱倡明之功而接孔孟心法之精也哉是故遨遊于當時而與諸儒上下其議則寧舍數子以學程朱尚論于今

日而以吾道考衆折衷則必由程朱以學
孔孟嗚呼程朱之學其師友之講論門人
之誦習載之書傳著之身心彰明於天下
而儒生後學有志於孔孟之道者莫不以
爲標準而宗師焉雖或間有曲學僞學過
爲訾詆妄議亂眞亦安得而容之然則程
朱之學若不盡傳於其徒而大行于兹日
者深爲吾道之幸云

第三問

李巳巽

同考試官教諭張　批　三皇五帝名系雜紀亂眞子能辨析謬妄考信聖經殆稽古有得者

考試官教諭錢　批　敷答詳明辭義古雅是兼有蘊藉者

考試官教諭施　批　論辨精核可破羣疑

夫生乎千百世之下而尚論帝王世系於千百世之上遐哉邈乎載籍缺矣其孰從而求之曰求之以吾之心而已矣民各有

心言因以異其孰從而裁之曰裁之以吾心之理而已矣理有從違匪徵不信又孰從而證之曰證之以聖人之經而已矣夫曠百世而相感者心也通古今之心而無間者理也因理以信心因心以考世舉之於口筆之於書以信天下傳後世者聖人之經也今夫三皇五帝世系遠矣世儒之說者衆矣孰途之人而告之曰吾能眞知孰爲三皇孰爲五帝人弗之信也又孰途

之人而告之曰吾能眞知孰非三皇孰非五帝人亦弗之信也故一閧之市不勝異議焉一卷之書不勝異說焉況三皇五帝之遠不可稽者乎惟夫本之以吾心之定理而質之以萬世不易之聖經經之所及者吾執之以爲信經之所不及者吾拒之以爲誣非折衷之以心也折衷之以理也非折衷之以理也折衷之以聖也彼爲三皇五帝紛紜之說者不信吾言能不信聖

人之經乎知乎此可以定三皇五帝千古
不決之疑矣請因明問而陳之且夫秦漢
以來言三皇者夥矣其以伏犧女媧神農
言者則始於春秋運斗樞其以天皇地皇
人皇言者則始於秦博士其以燧人伏犧
神農言者則為譙周氏以伏犧神農黃帝
言者則為孔安國氏以祝融伏犧神農言
者則為宋均氏何三皇之多也言五帝者
亦夥矣其以少昊顓頊帝嚳堯舜言者則

爲皇甫謐氏鄭樵氏蘇子由氏以伏犧神
農皇帝堯舜言者則爲五峰胡氏雙湖胡
氏以伏犧神農黃帝少昊顓頊言者則本
家語所載孔子答季康子之言以黃帝顓
頊帝嚳堯舜言者則本大戴禮所載孔子
答宰予五帝德之論又何五帝之多也嗟
夫世遠言湮經殘教闕遂至家私其傳人
異其說議論愈多而其失眞愈甚君子尚
安所取裁哉愚請先明三皇之誣而後及

言五帝者之謬可乎嘗考之說文皇者大
也冐也義從自王言始冐天下者也夫上
古穴居野處茹毛飲血三才未分文字未
制彼其時眞與標枝野鹿無異所謂始冐
天下之義與夫天地人之判非惟上古之
君不之知雖其臣亦莫之知也非惟其一
時臣工不之知雖舉國之人亦莫之知也
然則奚自而有皇之稱又奚自而有天皇
地皇人皇之號哉其不可信一也自有書

契以來文字之可信者莫如六經而六經之可信者莫如仲尼之所刪述嘗試考之如春秋易彖繫文言說卦諸篇蓋仲尼所自作毛詩尚書爲仲尼所刪定皆無三皇之文其徒誦說私淑如曾論學庸以及孟子七篇其言帝王五伯不啻詳矣亦未有一言及三皇者夫使上古而果有三皇也何以不見稱於仲尼之門耶其不可信二也周禮載外史所掌有三皇五帝書之文

而無其名稱世系至秦博士議始稱古有天皇地皇泰皇而泰皇爲最貴後世三皇之說蓋本諸此夫周禮一書多漢儒附會之言秦博士所議蓋一時牽合之說若迺稽周禮之繇雜考秦博士之謬妄蓋未易更僕數也執是以爲言三皇者之祖是豈足爲不刊之訓乎此其不足信者三也天生蒸民有物有則蓋自隆古已然記三皇者乃以蛇身人首誣伏犧以人身牛首誣

黃帝何其謬也其不足信四也道不毀則乾坤亦不毀天柱地維共工氏曷以能觸而裂之女媧氏又曷以能鍊石而補之謬戾不經莫此爲甚其不足信五也凡此五者其爲事甚明而其爲義甚易辨也然而漢諸儒之附會宋諸儒之講求紛紛不置者誠信周禮秦博士之言太過而不反求之於仲尼之六經故也至於五帝之名亦不見於聖經而其實則有可求者易繫辭

曰古者包犧氏之王天下也觀象於天觀法於地畫八卦以通神明之德類萬物之情而神農黃帝堯舜相繼而作之五帝者或先天以開人或因時以立政是故以作書契以闡易奧以衍精一之傳以濬危微之旨而萬世之師道立矣以始輿服宮室以開耒耜醫藥以明嫁娶音樂以分土建官以齊政授時以明刑秩祀而萬世之君道立矣神功駿業極天蟠地故仲尼於易

蓋亟稱焉此言五帝者之標的也若夫家
語載仲尼答季康子所言五帝之運如太
皡配木炎帝配火黃帝配土少皡配金顓
頊配水言非不詳也何以不及於堯舜大
戴禮載仲尼答宰予所稱五帝之德如黃
帝顓頊帝嚳堯舜事非無稽也何以上遺
乎伏羲凡若此者皆秦火之後諸儒自爲
撰記之言而託之乎夫子者也不然聖人
立訓雖言人人殊而實未始不同條共貫

豈其自相牴牾一至是哉至於二說之外復有以少昊顓頊帝嚳堯舜爲五帝者蓋旣謬躋伏犧神農黃帝於古所未有之三皇則於堯舜二帝之外不得不附益少昊顓頊帝嚳以求合於五帝之數正所謂求其說而不得從而爲之辭者耳彼三帝者謨烈何所見而可與堯舜之巍巍蕩蕩者竝稱耶此又不待辨而自明者也漢司馬子長古今良史才也其著史記帝王本紀

也特首五帝而不及三皇蓋眞有見於秦博士之誣不徇曲學以爲同者殆好古不惑者歟宋五峯胡氏篤信聖人者也其論五帝也直排諸家而以易繫辭爲據蓋眞能不信傳而信經見超乎諸儒之外者殆羽翼聖經者歟惜也司馬氏知深折乎三皇之非矣而其紀五帝也顧惑於大戴禮五帝德之文致有首黃帝而遺伏犧之謬君子蓋爲之未滿焉何明於彼而暗於此

乎胡氏知考衷於五帝之蘊矣而其言三
皇也顧徵於秦博士之見亦不免襲天皇
地皇人皇之訛學者蓋莫適所宗焉何得
其一而遺其二乎嗟乎此稽古之所以難
也夫古今之變莫悉於六經而六經之文
莫的於周易蓋秦火之烈詩書百家之言
盡付虐焰之餘惟易以卜筮之書得不在
煨燼之列故古文之真未有踰於易焉者
也尚論邃古之世不此取衷迺眩惑於誣

蔓不根之談而滋其牽合無已之議何惑
乎言之愈詳而失之愈遠哉昔楊子有言
曰仰日月而後知衆星之蔑也覩聖經而
後知衆說之眇也君子通於是其於稽古
之道思過半矣雖然去古既遠道術不明
曲學小智之流動以固陋不經之事重誣
古人蓋有不啻如言三皇五帝之謬者契
之生也適春分玄鳥降詩人歌之曰天命
玄鳥降而生商蓋紀其始生之時也迺後

世遂誣契爲吞乙卯而生棄之孕也其母
世妃偕高辛氏禖而禱祀遂脤脤后稷詩人
歌之曰履帝武敏歆載脤載育時維后稷
蓋帝即高辛氏也迺後世遂誣棄爲感巨
人跡而生夫游辭肆行拂經侮聖末世之
士厭常喜新又從而轉相倡和之噫非灼
然知道之君子幾何不胥天下而爲矯誣
之行哉愚於是蓋三復致慨云

第四問

曾遷

同考試官教諭胡　批　我

聖祖

皇上制禮之原遠符堯舜于能揄揚其盛蓋衣被有待者宜錄以式多

士

考試官教諭錢　批　章服辨等禮教攸關是

作者證古今歷陳我

朝服制之善可謂博洽之士矣

考試官教諭施　批　嚴整詳備而體格不凡

宜冠本房

聖人所以盡制而章軌者莫大乎禮所以緣禮而貞教者莫大乎分蓋治以禮而成以序高下以別陰陽以陳藝極以樹常秩以節民性以坊民淫莫非禮之為教也而綱維植焉無所緣而欲立教則何以昭其流行之實而天下之大禮不立分以服而定以辨尊卑以明等威以昭物采以庸有功以章有德莫非服之為用也而品式見

焉有所制而匪由禮則無以大會通之觀而天下之大分不明是故聖人深悉乎禮制之原達觀乎不易之分本禮以制服則等級取象於乾坤也損益通極於隆殺也裁成變化之宜要皆禮之渾然者也緣服以彰分則等級足以一貴賤也損益足以嚴上下也縱横卷舒之理一皆禮之燦然者也是以禮達而分定制立而可久以此表於朝廷則上下有章足以成黼黻之治

以此行於邦國則黎獻服習足以大衣被
之休以此施當時則天下沐垂衣之化以
此範後世則萬世仰王章之成周公之制
禮所以通之天下後世而無弊而我
朝之制作眞與之千載而同符也請因明問
而敬陳之夫章服之制其來舊矣帝舜作
服用明尊卑之分商王憲天致謹在笥之
戒易垂三褫之訓禮著不衷之譏孔有繁
纓之惜皆是道也夫一衣服也似無甚關

乎化理之大治忽之原也聖人每惓惓致意焉豈漫無所見也哉亦以天下莫重乎禮而章服者禮之大也亦莫重乎分而章服者分之關也是故周公以元聖之德而宰輔相之任運心法之精以妙制作之能損益前代定爲禮制者吾固不暇悉數也而章服一節獨加詳焉觀禮於朝章服之制行之朝矣司服弁師之官職冕服之任者也其服凡六公服也侯伯服也子男服

也孤服也卿大夫服也士服也其冕凡五袞冕也鷩冕也毳冕也希冕也玄冕也夫服以配冕也服同則冕宜亦同矣而冕獨缺其一者蓋以五冕之制列于有位而無位之士則不可與於冕也明矣服視冕以爲差冕因位而始有君子當於異中而求同也此其章服大明而禮之行於朝者何其詳而悉耶觀禮於野章服之制行之野矣司徒之官職禮教之任者也而以六俗

安萬民曰同衣服則又異於司服之六服也異於弁師之五冕也夫服以辨分也服同則混於無章矣而顧欲以安萬民者蓋以衣服之制本因其類而曰同衣服亦以上庶之服各同其類焉耳矣於統同之中寓辨異之制君子當於同中而求異也斯則名分之大定而禮之行於野者何其明而備耶自周公之道不行於天下而禮制之善久湮于人心身衣皁綈而富民文繡

者漢俗之未淳也百官庶民皆著黃袍者
隋制之未善也冠服混於倒置等威雜於
無章蓋不惟失成周司服弁師之本意而
且學成周同衣服之肯而失者也至若四
綬始自建武綟綬青綬黑綬黃綬是也四
服始自貞觀服紫服緋服綠服青是也制
固似矣較之成周六服者則懸絕三冠之
制起於宋初進賢冠貂蟬冠獬豸冠是也
亦似矣較之成周五冕者實頓殊要之本

一人之精意立一代之章服亦可以表儀
臣民之觀用昭章庸之典者也是故禮達
於下辭受之道明焉爲大理而審獄得情
受緋衣之賜者温璋也爲眭州刺史以越
等不宜而力辭金紫者牛叢也陽城處士
受賜緋衣以逸德也李泌山人受賜金紫
以異能也在受之者固爲德稱其服而辭
之者恐其服浮於德章服見於辭受其足
以感以勸者乎禮運於上予奪之權著焉

以三品服賜胡安國以五品服賜趙師民者崇儒重道也以三品服賜王素以五品服賜余靖歐陽脩蔡襄者顯忠遂良也曾致堯之浮躁賜章紱而見奪王文度之伎術加佩魚而見抑是予之者章爾庸之殊恩奪之者示否德之微戒章服見於予奪其足以榮以辱者乎夫以漢唐宋諸君其制作已非近古一時章服之錫予尚足以風勵一時激勸人心如此則夫陋漢唐宋

於下風者當何如耶洪惟我
太祖高皇帝
道承帝王
治兼制作上自
朝廷下及鄉邦儀章度數大小有倫服采品
式尊卑有序語服則自雜職上至一品文
繡隨秩以隆殺也語冠則自八梁至一梁
制度因秩以損益也殆與成周冕服之制
相輝煌焉其所以辨上下而定民志者蓋

燦然其大備矣
列聖相承光昭嗣服我
皇上率由
舊章釐正
典禮斷自
宸衷布于中外酌玄端之制而爲
燕弁冠服取其檢約心身之義因輔臣之請
而
錫忠靜冠服別其貴爵尊賢之等至於嚴奢泰

之禁申僭侈之防形之
詔令者不一而足殆與
聖祖辨分定民之意相爲乎契焉其所以一道
德而同風俗者至周而無遺矣要而言之
服之制也無非禮也禮之行也無非心也
我
聖祖心符堯舜旣顯設乎
典章之大我
皇上學主敬一復懋隆乎制作之原則無體之

禮潛乎民心而揖讓之化風行四海不特
媲美成周抑且遠追黃帝堯舜矣愚何幸
躬逢其
盛

第五問
陳崇讚
同考試官教諭程　批　桀寇方略士子類能言
之然莫可施行此作深探患本區畫周悉而上策
尤中機宜識時務者在俊傑子其人耶

考試官敎諭錢　批　閎識遠猷足占所藴

考試官敎諭施　批　練達之才經濟之學

拯民患於既亟固不可無權宜之謀消民患於無形尤不可忘久長之慮蓋權宜之謀非可嘗試而民患既亟又不得不假之以濟變者若不論時之緩急地之同異槩曰此足以盡變也則貽民之患也滋甚矣是故君子於天下之患不惟有以拯之又思所以消之夫是之謂久長之慮上下安

於無事智勇泯於無迹其視假權宜之謀
而拯民患於一時者功孰多哉知此則可
以語東粤禦寇之略矣請因明問而陳之
夫廣東當南服之盡山深海瀚聲教伊阻
國初我
太祖高皇帝以何眞全境歸順不煩
天討諸凡郡縣經理未遑悉仍其舊歷歲既久
法弛弊滋于是列郡猺獞得以據險梗化
於山藪之中而魚鹽商舶之徒往往依海

爲姦弄兵洪濤巨濤間根株旣深旋撲旋
熾勢所致然其由來遠矣百九十餘年名
卿鉅公經略非一愚嘗讀廣省通誌而得
禦寇三策之說焉上策曰寇卽民也中策
曰寇自寇也下策曰民亦寇也然又有所
謂無策者焉愚請得終日盡言而無諱可
乎夫通一省之境沿邊沿海則有衛所之
設要害關隘則有巡司之設備非不周也
然而軍士習於安逸率多肥弱民兵弊於

包攬不可究詰而欲恃以禦寇良亦難矣不得已於州縣編設民壯多者千餘少者數百葢所以續軍兵之不足也而有司視爲奴隸日供勾攝之役訓練不加老稚相雜疲於奔命殆且不給矣尚何望擊刺之能而敵愾之勇哉又不得已於要害之區建之營堡雇募打手多者數百少亦不下數十葢所以濟民壯之不及也而提調委之武職不免賄閙之弊索餉則庭爲林立

賊至則寂無寸刃比及失事扣罰工食止
矣尚何望險要之控而威武之揚哉此巳
往故轍也是爲無策往歲大羅山寇擁徒
負固僞爵僭銜兼以浪賊翼之敷虐於嶺
之西嶺之南蓋岌岌乎州邑無遺黎矣於
是調集狼兵一舉殲之而脫民命於鋒鏑
之下今歲潮陽境內倭寇突至備倭官兵
倉遑告變莫能抵格亦得狼兵走之地方
底寧不然則潮惠之間今患未巳也是二

役也謂非狼兵之功不可也但狼兵行不齎糧所至供億輒攘之民間雖稱軍令具嚴少知斂輯所過無犯而歸囊之重至不能舉豈皆取之於敵者哉廣人有言狼兵之害不下盜賊夫狼兵譬之藥石用以伐疾猶恐害事况可恃之以爲養生之具乎此正所謂民亦寇也是謂下策夫今海寇靖矣能保其去而不來乎山寇平矣能保其散而不聚乎愚謂欲爲久長之計惟於

鄉兵爲致力可矣蓋廣省多盜州邑鄉民率築堡自衛但有司者不知乘其會而督之故其心志未一武藝不閑器械不利每至爲賊所破固非鄉兵之不足用也誠使於一鄉之中擇其勇略奉公爲衆所推服者立爲千長又就各鄉丁戶之多寡集其壯者以充鄉兵官爲之備器械以時操習置旗鼓以爲耳目訓之練之鼓之舞之數月之後皆精兵也由是無事則散之歸農

無俾有聚候坐困之妨有警則督之捍寇務明其賞罰勸懲之典彼皆重其父母護其宗廬有不感奮激勵向虜爭先殊死鬬者哉鄉兵既成則打手俱可盡掣各堡之兵皆將投石超距以待之山寇海寇非惟不能犯且不敢犯矣此所謂寇自寇也是爲中策經久之計宜無出於此矣雖然此特自山賊之既發海寇之既入者言之耳顧其說有進於是者以海寇言之倭夷之

勢與猺獞遠甚也非接壤不可剿也性非我類不可撫也故詩曰海外有截外之也我固外之彼固犯之亦備之而已備之者備之於水非備之於陸也夫倭夷每以風汛入犯其性猾而智多藝精而器利惟備之於水則洪艟巨艦賊之舟不能格也毒藥火器賊之技不能施也兵刃不交而我軍蔑不勝矣曩者倭夷得以肆害於内地者得非備水之法久而或弛耶海艘之脩

水戰之習嚴勾引之禁重接濟之刑盍竝舉而申飭之可也若處山寇則異於是蓋猺獞異種而巢穴與吾同壤言語可通嗜欲不遠固非倭夷之不可馴擾者也但官府禁制之嚴雖懷向化之心不能自達或饑寒空乏莫與之貿而所有藤蠟之類又無所干鬻則其勢不得不趨而爲盜是爲盜者非其心之所樂也況此類獨非天地之所生乎既生之必不欲盡殺之也盍於

多猺之郡特設撫猺佐職一員專事撫綏
仰宣
朝廷好生之意俾安生業如有不得已之情
從其俗處之諸峝各就其猺情所屬者定
爲猺老俾其管束又相度道里適中之處
立爲墟市民夷從其貿易間有仰慕文物
給與書籍聽其延師教習用之得人處之
得宜二三年之後雖深山窮谷之猺皆將
變爲良民而浪賊亦無所寄跡矣此所謂

寇即民也是爲上策無策既往之弊也下策已成之功也中策今日之急也上策百世之利也言似近迂事或可行若曰苗民自三代以來未有能化而委之爲庸談則嶺海之民何時瘳乎惟執事進而教之使得鳴其說於當事者

廣東鄉試錄後序

上之三十七年歲維戊午
勑天下所司大比士于其鄉乃粵
之試事御史仲楫實監臨之
申飭憲度損益章程內外百
執事罔不恊誠事事故是科
所得士視往歲爲盛既又錄

其名氏及文以報成事

制也呈之也以職受簡後編而終

義焉粤自

皇上御極以來設科取士凡十三

舉矣而歲陽麗午者有四初

則壬午次則甲午又次則丙

午乃今復麗戊午焉懿兹休

乎何運之隆也漢志有之曰
布于午豐茂于戊戊德惟土
周旺四季午德惟火茂育羣
生惟戊與午相屬而成則黃
中麗乎文明陽德亨於正位
而豐功茂烈曰布於下土者
寧有涘乎矧惟百粤之境其

土沃其氣炎其位正南而向
乎離明士生其間者聚靈發
祥夫豈偶然之故哉始呈之
秉傳而入粵也趣驅嶺道跋
歷川塗延睇羣山層峙天際
欝律環翠蜿騰虎蹲襟帶江
海巨浸汪洋煙雲杳藹浩無

津涯而萑葦茹蓏之場曼衍亘數百里誠天地之奧區郊藪之上腴也其清淑所鍾豈特翠羽文瑁之爲美象革鹺醑之爲利哉夫干雲之木不樹培塿照乘之珍不孕涔蹄所藉者厚則其材全所涵者

深則其產奇故觀棟梁之鉅
玩珠貝之光則喬嶽之勝名
川之廣形效覩矣尔多士彙
萃元氣積蓄靈秘沐浴
膏澤被服儒術其所秊大道擬之
川嶽所儲何啻倍蓰而非
運啓重熙曷致是哉惟

聖祖肇設賢科

貽謀豐芑

列聖崇獎儒術樂育菁莪我

皇上承天纘服登崇俊良道久化

成人文宣朗殊方異域往往

以材儁自獻而況粤之譽髦

來章有慶爭相振藻炳焉與

都轂同風者乎故以呈之觀於
諸士之爲文也如披沙揀金
破璞出玉價越萬鎰貴比連
城以之羽儀
明廷則可爲
國之翠璫以之經營四方則可
爲

國之象革以之和御
鼎實則可為
國之鹺醑其諸胃臆之所蘊孰
與郊藪多耶 呈之 等叨膺隆
典繆秉文衡迺以介諸士充
賦俾與山海之琛並輸
天府行且拔茅連彙鴻漸鳳儀

妙簡銅墨
遷命珪符而論思獻納由此其
選其尚勵於清忠奮于功緒
潤色
鴻猷恢張百度以翊
宗社無疆之休以昭
皇上壽考作人之盛顧不偉歟若

或溺於骫骳之習急於脂韋
之營靜言而庸違素出而緇
入匪直上負
明時抑且下負所學是豈惟校文
者之憂抑亦尓多士之羞呈
之不佞惟不稱任使是懼敢
布末簡以申始進之戒若乃

諸重臣之經文緯武百執事
之展采厝事則卿也亦旣書
之首簡也
江西瑞州府高安縣儒學教
諭錢呈之謹序

會試錄序

皇上御極之三十八年春復當會
試天下士士集禮部待試者
四千六百人有奇尚書臣吳
山侍郎臣茅瓚臣袁煒以
聞於是
上命學士臣李璣臣嚴訥往典試

事其同考試則侍讀臣胡正
蒙臣姜金和修撰臣林燫臣
諸大綬編修臣曹大章臣李
貴臣王希烈臣趙祖鵬檢討
臣晁瑮臣馬自強臣馬一龍
都給事中臣趙鏘臣藍璧臣
王文炳郎中臣王秩員外郎

臣王叔果臣莊士元而監試
則御史臣黃季瑞臣毛鵬也
己酉日
陛辭入院迺辛亥甲寅丁巳如
例合諸士三試之拔其儁奉
宸斷取三百人爰錄其名氏幷文
二十篇以

獻
臣璣惟聖王圖治必以興賢
斂才爲急務然士不素養選
之奚從廼其進也不勵以考
課則亦鮮不怠慾者我
皇上紹統中興士偕試南宫者十
有三舉於此蓋彬彬焉得人
稱盛矣而慎作養嚴考課之

令尤諄切焉海内士莫不承
德思奮誠千載一時之遇也臣誠
不才徃以狂瞽之言奉
大對荷蒙
聖恩錄其言似讜擢首二甲讀中
祕吻歷有今官則諸士中遭
幸尤莫如臣者嘗承乏教大

學顧譾薄無能奉揚
德化成真才每循念鰥曠是懼迺
玆又被
命校文司選士則稱塞尤難爲懼
滋深矣於是謹率諸同事誓
心神明冀竭愚誠得人以自
贖凡二十晝夜無敢頃刻遑

息者故事匭卷入必先同試
同試可而後主試者得受冊
覽觀焉臣慮或遺良也語同
試者更搜之棄卷中分閱合
校加詳焉必三試稱衆見僉
同者收之其諸勸說畔經無
當不與也先是戊戌丁未春

臣蓋嘗兩濫從事得觀諸士
文然文之盛則未有如今者
言即人人殊而率能發抒所
自得有裨於世用郁乎文哉
信太平之具也斯非
國家菁莪之澤我
皇上久道之所淪洽其何有此而

能恣臣所擇哉臣用是竊慶
得附以人事君之義可幸奉
詔萬一矣已而徐思曰諸士茲進
必服政中外人將因言責成
也言不復又焉用文之因復
念臣前叨貳留銓亦嘗與聞
考課之典彼其時百司至則

第稽其行孰貴其言者使諸
士異日者不足成其信則所
司將亦奉
國典以繩其後矣即諸士不自
惜主司者將云何矧
皇上天生聖神遐隱必燭臣下行
事莫能欺毫髮頃以邊臣少

懈一時易置殆盡茲歲首又
勑所司察來
覲羣牧嚴汰之中外吏凜凜思
過若將及焉此諸生新進耳
安知其足奉奔走終冤於罪
乎其斯臣所爲諸士懼又以自
懼也但臣所大幸則又有在

焉書曰天惟純佑命則商實

詩曰保茲天子生仲山甫令

聖人在上純敬格

天寵篤我

國家以無疆之慶凡

聖心所嚮

天則從之而

天瑞人符雜然並至此純佑之徵
而詩之所謂保玆者也又安
有
心在求賢而不得賢者哉臣以是
終自慶而願諸士之毋負於
明時也幸相與勗焉
通議大夫吏部右侍郎兼翰

林院學士掌詹事府事李璣

謹序

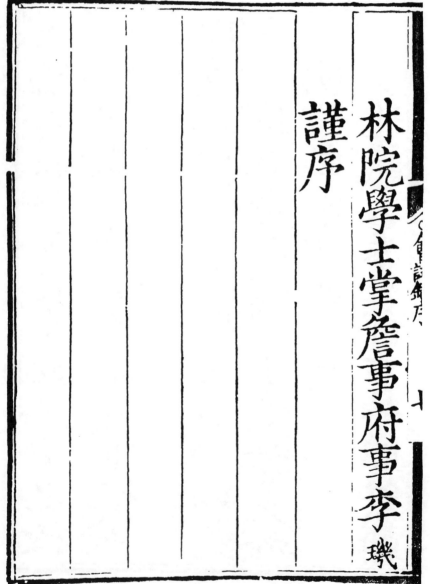

嘉靖三十八年會試

知貢舉官

榮祿大夫太子太保禮部尚書兼翰林院學士吳山 曰靜江西高安縣人乙未進士

通議大夫太子賓客禮部右侍郎兼翰林院學士茅瓚 邦獻浙江錢塘縣人戊戌進士

考試官

通議大夫吏部右侍郎兼翰林院學士掌詹事府事李璣 邦在江西豐城縣人乙未進士

中順大夫太常寺少卿兼翰林院學士掌院事嚴訥 敏卿直隸常熟縣籍吳縣人辛丑進士

同考試官

翰林院侍讀胡正蒙 正伯浙江餘姚縣人丁未進士

翰林院侍讀姜金和 節之江西鄱陽縣人 庚戌進士

翰林院修撰林燫 貞恒福建閩縣人 丁未進士

翰林院修撰承務郎諸大綬 端甫浙江山陰縣人 丙辰進士

翰林院編修承事郎曹大章 一呈直隸金壇縣人 癸丑進士

翰林院編修文林郎李貴 廷良江西豐城縣人 癸丑進士

翰林院編修承事郎王希烈 子忠江西南昌縣籍 臨川縣人癸丑進士

翰林院編修文林郎趙祖鵬 宗南浙江東陽縣人 癸丑進士

翰林院檢討徵仕郎晁瑮 君石直隸開州人 辛丑進士

翰林院檢討從仕郎馬自強 體乾陝西同州人 癸丑進士

翰林院檢討從仕郎馬一龍　負圖直隸溧陽縣人　丁未進士

承事郎戶科都給事中趙鏘　子振直隸易州人　庚戌進士

承事郎禮科都給事中藍壁　完卿江西高安縣人　丁未進士

兵科都給事中王文炳　道充江西廬陵縣人　癸丑進士

奉議大夫吏部考功清吏司郎中王秩　伯膚湖廣漢陽縣人　甲辰進士

承德郎兵部職方清吏司署員外郎事主事王叔杲　育德浙江永嘉縣人　庚戌進士

刑部浙江清吏司員外郎莊壳　君聘福建晉江縣人　癸丑進士

監試官

文林郎山西道監察御史黃季瑞　宗和福建閩縣人　丁未進士

文林郎湖廣道監察御史毛鵬　汝南直隸棗強縣人　丁未進士

提調官

承直郎禮部儀制清吏司主事沈紹慶　子善直隸崑山縣人　庚戌進士

承直郎禮部儀制清吏司主事胡士彥　世美江西鄱陽縣人　癸丑進士

印卷官

承德郎禮部儀制清吏司署郎中事主事白啓常　肇倫直隸武進縣人　庚戌進士

承德郎禮部儀制清吏司署員外郎事主事徐文沔　可繩浙江開化縣人　丁未進士

收掌試卷官

徵仕郎中書舍人李元　調甫浙江餘姚縣人　官生

中書舍人暑貢成 仁夫山東單縣人 儒士

受卷官

直隸寧國府通判黃餘慶 子積江西安義縣人 壬午貢士

湖廣郧陽府通判徐登泰 原蔡浙江常山縣人 甲午貢士

四川夔州府通判喜甫號 子壽湖廣竹山縣人 癸卯貢士

山東兗州府金鄉縣知縣陳文同 一之武功右衛軍籍直隸晉丘 縣人癸酉貢士

彌封官

山西汾州知州陳惠忠 汝誨順天府遵化縣 人辛卯貢士

湖廣襄陽府均州知州趙濂 文績陝西鞏昌州人 辛卯貢士

順天府良鄉縣知縣樊巍　民望直隸保定府籍河南孟縣人甲午貢士

湖廣岳州府澧州石門縣知縣程靖　幼宣四川內江縣人辛卯貢士

謄錄官

湖廣漢陽府通判李苾　鳴孝四川南充縣人甲午貢士

山西潞安府黎城縣知縣錢進學　時敏山東萊州衛軍籍直隸青陽縣人丁酉貢士

四川夔州府奉節縣知縣唐啓賓　薦可廣西宜山縣人癸卯貢士

直隸真定府隆平縣知縣李希孔　魯學河南祥符縣人丙午貢士

對讀官

山東青州府蒙陰縣知縣徐一陽　復之福建莆田縣人丙午貢士

直隸保定府蠡縣知縣張棲 德馨山東商河縣人 甲午貢士

山東萊州府昌邑縣知縣馮朝用 汝楫陝西臨潼縣人 丁酉貢士

山西平陽府絳州垣曲縣知縣張恪 肅卿山東觀城縣人 甲午貢士

巡綽監門官

昭勇將軍河南彰德衛指揮使梁燿 得浮孟縣人

懷遠將軍直隸滁州衛指揮同知周印 汝政湖廣玉沙縣人

明威將軍河南南陽衛指揮僉事王臣 秉忠直隸蕭縣人

明威將軍山東都司安東衛指揮僉事胡韶 文成直隸當塗縣人

明威將軍山東都司臨清衛指揮僉事郭一元 子魁山東滋陽縣人

明威將軍中都留守司長淮衛指揮僉事張棟 貫直隸臨淮縣人

供給官

承直郎禮部精膳清吏司主事何全 原學四川儀衛司籍 湿江縣人癸丑進士 [illegible]西 [illegible]

承直郎順天府通判尹玉 文林山西寧鄉縣人 歲貢

文林郎順天府大興縣縣丞楊翰

迪功郎順天府大興縣主簿歸仁 希顏直隸江寧縣人 監生

迪功郎順天府宛平縣主簿來蘊家 養仲浙江蕭山縣人 監生

順天府宛平縣典史沙潮 信之浙江錢塘縣人 吏員

第壹場

四書

舉賢才曰焉知賢才而舉之曰舉爾所知爾所不知人其舍諸

德爲聖人尊爲天子

禹稷當平世三過其門而不入孔子賢之

易

元吉在上大有慶也

六四安節亨象曰安節之亨承上道也

一陰一陽之謂道繼之者善也成之者性
也
離也者明也

書

好生之德洽于民心
以承上下神祇社稷宗廟罔不祇肅
公其以予萬億年敬天之休
申畫郊圻慎固封守以康四海

詩

為此春酒以介眉壽
王命南仲往城于方出車彭彭旂旐央央
天子命我城彼朔方赫赫南仲玁狁于
襄
聿修厥德永言配命自求多福
明昭上帝迄用康年
春秋
齊侯衛侯胥命于蒲 桓公三年 公會晉侯
宋公衛侯曹伯齊世子光莒子邾子滕

子薛伯杞伯小邾子伐鄭會于蕭魚襄公十有一年
齊人執鄭詹莊公十有七年
叔孫豹帥師救晉次于雍榆襄公二十有三年
公會齊侯于夾谷定公十年季孫斯仲孫何忌帥師墮費定公十有二年

禮記

天道至教聖人至德

天子搢珽方正於天下也

凡音者生人心者也情動於中故形於聲

聲成文謂之音是故治世之音安以樂

其政和

圭璋特達德也

第貳場

論

聖人所以合內外之道

詔誥表內科一道

擬漢行養老禮詔永平二年
擬唐以房玄齡杜如晦為僕射誥貞觀三年
擬舍譽瑞星見輔臣楊士奇進
賀詩表宣德五年
判語五條
錢糧互相覺察
致祭祀典神祇
不操練軍士

老幼不拷訊
修理橋梁道路

第叄場

策五道

問禮有之惟聖人為能饗帝饗帝于郊而
風雨節寒暑時昔聞其語矣今覩其隆
矣嘉靖辛卯至日我
皇上奉燔
圜丘匝月而甘露零于

皇考之玄宮夫露而甘瑞矣應
郊而零盍瑞矣零不于其他而于
皇考棲神之地盍瑞矣洪惟
皇考躬睿哲之德契
於穆之載
上帝睠顧而
上聖篤生慶所丕鍾瑞從發焉亦固其理歟盖
皇考昔亦嘗詠甘露序曰禎祥者福之兆彼甘
露雖天之和氣凝結而成實所以兆乎

國家之福也乃今福
國家明徵矣
皇考之前知何其神歟非以至誠之故歟禮斗
威儀諸書率稱天瑞繫聖政所致我
皇上乃弗以自居而惟
上帝是戴是祇爰
製記頌名之曰欽
天竊嘗莊誦而繹思之有六義焉有珍佩之誠
焉有申甫之禮焉有稱

親之孝焉有撝謙之光焉有子民之仁焉有保
祚之慎焉而要之皆所以欽乎
天夫稽古大聖人莫不欽天聖莫聖於堯尤以
欽稱而甘露亦應之我
皇上與之一揆者也夫堯大難名而成功可見
文章可見我
皇上之精諸士即未易仰窺矣盍觀
煥乎巍然者歟誠能雍容
明盛光揚大澤之博與符瑞之富即康衢謌

競今軼聲焉可也

問頃者

皇上因司牧者不慎聽讞至使小民冤籲乃推

廑天下大矜無辜於是有

勅諭憲臣云都人士無小無大莫不踴躍戴誦

懽然傳之爾諸生不聞之乎

勅中稱古昔帝王及我

祖宗慎重於刑洋洋哉

聖言請遂爾質可乎夫易卦論治獄多取象於

離或兼震艮此必有以也而中孚則取
兌巽何也夫舜欽恤尚矣虞書皐陶職
刑何甫刑乃以屬伯夷也夫刑豈祥器
哉而書何祥之也旺庶而懼罰蚩蚩矣
書何以謂之嘉師也是古昔帝王之所
慎重不可不察也夫

太祖寶訓不可殫述述其取喻者喻嬉草萊喻
澣垢喻索魚於釜喻射正鵠喻衡鑑喻
漁田喻御喻啖飲食喻誦之將無不灑然

者

成祖諭薛嵓陳瑛吳盛執法諸臣綦惓惓也是

我

祖宗之所慎重不可不欽念也夫不察不欽念

是故多莽鹵於為政而土芥其民如

勅中所云此豈仰稱

皇上好生之德哉爾等從閭閻来熟識司牧者

情狀將必皆曰

天子至神聖誠明見千萬里外然不知

勅中申飭之旨司牧者能一一省否也夫木鐸狥道路將以聳聽故欲爾恭捿

勅旨大闡懸之以致丁寧於司牧者

問風俗關於天下至重也故自昔帝王皆以教化為首務而其時道德一風俗同著有以焉然其所以為之教者可得而聞歟三代以降民俗士風載在史冊炳如也終未有若三代之隆者何哉豈古今人不相及歟抑淳樸漸漓卒不可返

諸古歟昔荀悅康澄皆有感於時著爲
疏論其言亦有可采者歟悅謂先屏四
患乃崇五政澄謂不足懼者五深可畏
者六夫所謂四患六畏者不知何指也
其要亦有所歸歟
國初風俗淳美民節儉士正直足以比隆三
代矣迨于今則漸不能以無異抑有如
悅之所患澄之所畏者歟
聖天子在上壽考作人將以移風易俗而

詔旨屢歷天下士民猶未盡復諸舊者其故何
德意者猶有所未至歟諸士固斯民之秀也孜
孜豈亦有司奉行
古驗今必有能得其故者願明以告我
問自古明君必重治民之官而於所最親
民者尤重焉則守令是已守令稱良惟
漢世為盛可舉而評之乎其所敘述惟
曰謹身帥先居以廉平至於明發奸伏
吏端禁止若乃不滿焉然則吏之所為

良果在彼不在此耶
聖天子加意百姓簡賢使能為守若令者誠宜
宣布
德意於民然猶澤不下究民或愁嘆將吏未盡
良而撫字之道多未至歟夫士自一命
以上存心愛物必有所濟乃今所稱良
雖漢龔黃不為讓至責求實效則鮮有
濟焉豈釆名不釆實今亦有是弊歟而
吏遂緣是炫飾虛聲顧罔實是務也玆

欲使吏循民安天下共登諸理必何施

而後可

問井田之制不復則兵不得不養於官然

歷代之初皆兵民兩便鮮不贍足者乃

其後顧往往稱乏焉即如建武熙豐閒

武事不競思振之則其處財給費似不

容已者而論者咎焉豈其事固有本末

而當時所以行之者非歟我

朝兵有定籍賦有定法赫然稱富強久矣頃

以南北邊吏失戒倭虜奄入然較其力不敵吾遠甚此不足爲大憂者而當事者即苦於兵費不給蹙請紛然司計者不得已至出一切權宜之術破諸格佐之然且告匱未已不知後是又何所繼也或謂聚財莫若省財令之財大率耗於兵冗而不可使戰其道莫如簡兵練土著二說行則召募調遣可罷財益可省信歟或又謂利久遠須復屯田修鹽

法乃議者則謂屯田兼併難清私販難

華二法卒不行然乎否乎茲必修復之

其道安在諸士抱業而來行且試於政

事矣其於天下之務宜必有概於中也

主司以俊傑爲望幸無讓焉

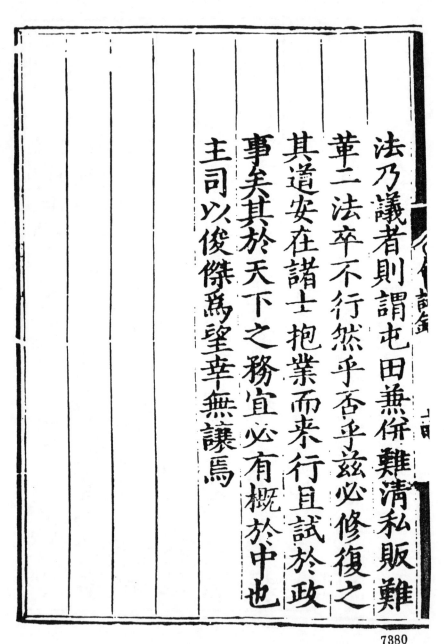

中式舉人三百名

第一名蔡茂春　順天府三河縣人監生　詩

第二名林奇材　福建晉江縣人監生　易

第三名毛惇元　浙江餘姚縣人監生　春秋

第四名張　烈　直隸松江府學附學生　書

第五名王之翰　直隸祁門縣學生　禮記

第六名黃國華　江西豐城縣學附學生　易

第七名朱　湘　浙江義烏縣學增廣生　詩

第八名李輔　江西進賢縣學增廣生　詩
第九名劉大遺　福建晉江縣儒士　易
第十名張鳳岐　浙江嘉興縣人監生　書
第十一名錢鎮　浙江湖州府學生　書
第十二名張憲臣　直隸崑山縣人監生　禮記
第十三名潘儁　江西武寧縣人歲貢生　詩
第十四名包大爟　浙江鄞縣人監生　易
第十五名游日章　福建莆田縣學附學生　書
第十六名程道東　直隸歙縣人監生　詩

第十七名錢順時　直隸常熟縣學增廣生　春秋

第十八名翟台　直隸涇縣學生　易

第十九名陳省　福建長樂縣學生　詩

第二十名曹棟　直隸丹徒縣增廣生　易

第二十一名李紀　直隸泗州人監生　書

第二十二名孫光祖　浙江慈谿縣人監生　詩

第二十三名汪如海　直隸黟縣學生　易

第二十四名張仲謙　直隸上海縣人監生　詩

第二十五名沈郎甫　浙江烏程縣學生　春秋

第二十六名雷从仁　湖廣夷陵州學生　詩

第二十七名霍與瑕　廣東南海縣人監生　易

第二十八名胡廷蘭　湖廣瀏陽縣人監生　書

第二十九名王淑　江西新建縣人監生　詩

第三十名陳成甫　浙江餘姚縣人監生　禮記

第三十一名栗魁周　山西陽城縣人監生　易

第三十二名田汝穎　山東陽信縣人監生　詩

第三十三名王鑑　直隸無錫縣學附學生　書

第三十四名周鳴墳　湖廣蘄水縣學增廣生　春秋

第三十五名吳炎　浙江山陰縣人監生　詩

第三十六名蔡國熙　直隸永年縣學生　書

第三十七名黃儀　廣東東莞縣人監生　易

第三十八名沈如麒　順天府霸州人監生　詩

第三十九名崔棟　河南泌陽縣人監生　書

第四十名黃宏宇　太醫院籍廣東瓊山縣人監生　詩

第四十一名鮑宗沂　直隸江都縣人監生　易

第四十二名李文續　四川宜賓縣學附學生　詩

第四十三名丘達道　四川綿州儒士　書

第四十四名陳懋興　福建侯官縣學增廣生　詩

第四十五名郭孝　浙江仁和縣學生　易

第四十六名何思聰　山東莒州人監生　詩

第四十七名黃翼　湖廣長沙衛人監生　易

第四十八名張鹵　河南儀封縣人監生　詩

第四十九名周弘祖　湖廣麻城縣人監生　春秋

第五十名邵[illegible]　直隸滁州人監生　易

第五十一名林奇迪　福建莆田縣學增廣生　書

第五十二名朱奎　江西南昌縣人監生　詩

第五十三名羅黃裳　廣東高明縣人監生　易
第五十四名劉一儒　湖廣夷陵州學生　詩
第五十五名史嗣元　浙江餘姚縣學附學生　書
第五十六名范燧　陝西郃陽縣學生　詩
第五十七名沈啓原　浙江秀水縣人監生　書
第五十八名吳椿　江西新建縣學生　詩
第五十九名王徽猷　福建晉江縣人監生　易
第六十名黃榜　江西南昌縣學生　詩
第六十一名蔡一槐　福建晉江縣人監生　春秋

第六十二名雷稽古　山東恩縣學生　書

第六十三名郁言　浙江山陰縣學附學生　易

第六十四名蔣彬　直隸吳縣人監生　禮記

第六十五名林澄源　福建莆田縣學附學生　書

第六十六名畢康裕　直隸新城縣人監生　詩

第六十七名楊廷選　錦衣衛人監生　易

第六十八名舒化　江西撫州府學附學生　詩

第六十九名李恩柱　直隸武邑縣人監生　春秋

第七十名桂枝揚　江西德安縣學生　詩

第七十一名鄧之屏　四川巴縣儒士　易
第七十二名林士章　福建漳州府學生　詩
第七十三名王　儒　浙江嘉興縣學增廣生　書
第七十四名王世懋　直隸太倉州人監生　易
第七十五名王　愛　浙江秀水縣人監生　書
第七十六名張　詡　山東登州府學生　詩
第七十七名張敏德　江西萬安縣人監生　易
第七十八名秦嘉楫　直隸上海縣學生　詩
第七十九名劉南金　河南祥符縣學附學生　禮記

第八十名林舜道　山東平度州學正　易

第八十一名鄧球　湖廣祁陽縣人監生　書

第八十二名劉曰睿　江西南昌縣人監生　詩

第八十三名葉憲　江西南昌府學附學生　易

第八十四名吳子詩　四川滎縣學生　詩

第八十五名張子仁　直隷無錫縣學增廣生　書

第八十六名張承賓　浙江上虞縣人監生　易

第八十七名陳應麟　錦衣衛人監生　詩

第八十八名夏道南　浙江餘姚縣學附學生　易

第八十九名高鷹　四川成都府學增廣生　書

第九十名蔡萬　福建晉江縣人監生　易

第九十一名顧建對　直隸泰州學生　詩

第九十二名鄧楚望　湖廣麻城縣人監生　春秋

第九十三名趙宋　直隸興化縣學生　詩

第九十四名胡執禮　陝西永昌衛學生　易

第九十五名周美　浙江富陽縣人監生　詩

第九十六名李檖　順天府薊州學生　書

第九十七名趙雲程　順天府學生　詩

第九十八名黃鶴　河南杞縣學附學生　易
第九十九名尹儒　湖廣隨州人監生　詩
第一百名曹鳳　山東安丘縣學增廣生　書
第一百一名徐惟輯　直隸歙縣學教諭　春秋
第一百二名蔣夔漢　四川華陽縣學生　易
第一百三名顧奎　直隸通州人監生　詩
第一百四名楊樞　山西陽城縣人監生　易
第一百五名張進思　山西沁州學生　詩
第一百六名謝廷傑　江西新建縣學生　書

第一百七名汪若洋　貴州宣慰司學生　易
第一百八名胡維新　浙江紹興府學附學生　禮記
第一百九名王緝　山西汾州衛人監生　書
第一百十名劉奮庸　河南河南府學生　詩
第一百十一名張士純　浙江安吉州人監生　易
第一百十二名邵畯　浙江餘姚縣人監生　書
第一百十三名賈淇　河南嵩縣學生　易
第一百十四名黄喜賢　福建崇安縣學生　春秋
第一百十五名徐鄉龍　直隷無錫縣學生　書

第一百十六名張振之 直隸滄州學附學生 詩

第一百十七名姜浚礪 直隸無錫縣人監生 易

第一百十八名應存卓 浙江僊居縣學生 詩

第一百十九名高奐化 山東沂水縣學生 書

第一百二十名宋豫卿 四川敘州府學生 詩

第一百二十一名潜着第 福建南安縣學生 易

第一百二十二名蔣三益 四川成都府學生 春秋

第一百二十三名李學禮 直隸鳳陽府學生 易

第一百二十四名周之屏 湖廣湘潭縣人監生 詩

第一百二十五名林朝聘　福建福州府學生　禮記
第一百二十六名林燦章　福建興化府學生　書
第一百二十七名盧慶　直隸和州人監生　詩
第一百二十八名王葑　浙江麗水縣學增廣生　易
第一百二十九名梁梧　河南信陽衛人監生　詩
第一百三十名胡僖　浙江蘭谿縣人監生　易
第一百三十一名李堯德　直隸廣平府學生　詩
第一百三十二名沈秱　浙江歸安縣學附學生　春秋
第一百三十三名彭文質　直隸黟縣學教諭　詩

第一百三十四名林茂勛　福建福州府學生　易

第一百三十五名梅惟和　貴州普定衛學生　詩

第一百三十六名吳逢春　廣東海陽縣人監生　書

第一百三十七名歐陽模　福建南安縣學附學生　易

第一百三十八名達其道　直隸任縣學生　詩

第一百三十九名何永慶　河南懷慶府儀衛司人監生　禮記

第一百四十名沈奎　直隸江陰縣人監生　書

第一百四十一名紀誠　順天府文安縣學生　易

第一百四十二名楊應東　河南商水縣學教諭　詩

第一百四十三名陸光祚 錦衣衛人監生 書

第一百四十四名陳紹登 直隸常州府學附學生 詩

第一百四十五名賴嘉謨 江西萬安縣人監生 易

第一百四十六名雷孔文 四川大足縣人監生 詩

第一百四十七名王天爵 直隸吳縣人監生 春秋

第一百四十八名高甲 大寧都司衛後所人監生 易

第一百四十九名孫汝翼 順天府密雲縣人監生 書

第一百五十名張蘊道 山西寧鄉縣人監生 易

第一百五十一名孫代 陝西扶風縣學生 書

第一百五十二名張翰翔　應天府溧陽縣人監生　詩

第一百五十三名陶幼學　浙江會稽縣人監生　易

第一百五十四名林應節　福建莆田縣人監生　書

第一百五十五名朱炳如　湖廣衡州衛人監生　詩

第一百五十六名侯義　山西長治縣人監生　易

第一百五十七名何起鳴　四川內江縣學附學生　春秋

第一百五十八名郭廷臣　江西南昌縣人監生　詩

第一百五十九名錢藻　直隸如皐縣學生　易

第一百六十名田登年　四川忠州學生　詩

第一百六十一名嚴從簡　浙江嘉興府學生　書

第一百六十二名徐鉞　江西南豐縣學附學生　詩

第一百六十三名詹彬　福建安溪縣人監生　易

第一百六十四名王廷瞻　湖廣黃岡縣人監生　禮記

第一百六十五名房楠　河南汝陽縣人監生　詩

第一百六十六名包汴　浙江嘉興縣人歲貢生　書

第一百六十七名毛[illegible]　浙江鄞縣人監生　易

第一百六十八名岑用賓　廣東順德縣人監生　詩

第一百六十九名何源　江西廣昌縣人監生　書

第一百七十名馮成能　浙江慈谿縣學生　詩

第一百七十一名俞守道　浙江仁和縣人監生　易

第一百七十二名袁貞吉　江西南昌縣學附學生　詩

第一百七十三名楊起元　直隷真定府學生　易

第一百七十四名何子壽　錦衣衛人監生　春秋

第一百七十五名解宋　直隷興化縣人監生　詩

第一百七十六名黃緯　山東益都縣人監生　書

第一百七十七名賀邦泰　直隷丹陽縣學生　詩

第一百七十八名樂舜賓　浙江定海縣人監生　易

第一百七十九名燕儒臣　河南魯山縣學生　詩
第一百八十名張　橋　雲南右衛人監生　書
第一百八十一名郜光先　山西潞安府學增廣生　詩
第一百八十二名孫　枝　浙江杭州府學生　易
第一百八十三名宋　訓　河南新蔡縣人監生　詩
第一百八十四名程鳴伊　山東樂安縣人監生　書
第一百八十五名王育仁　江西吉安府學附學生　禮記
第一百八十六名李　轍　陝西鳳翔縣學增廣生　詩
第一百八十七名劉崇岱　山東歷城縣人監生　易

第一百八十八名賈選　河南祥符縣人監生　詩

第一百八十九名劉愛　順天府大城縣學生　書

第一百九十名蔡司教　直隸成安縣學生　易

第一百九十一名佘敬中　直隸銅陵縣學生　詩

第一百九十二名張德恭　河南光山縣人監生　易

第一百九十三名歐陽敬　江西彭澤縣學生　詩

第一百九十四名呂鳴珂　順天府學生　書

第一百九十五名趙格　江西安福縣學附學生　春秋

第一百九十六名陳愚　福建莆田縣學附學生　詩

第一百九十七名段朝宗　陝西朝邑縣學生　易

第一百九十八名王原相　廣東番禺縣學生　詩

第一百九十九名王元敬　浙江山陰縣人監生　易

第二百名劉芬　直隸真定縣學生　詩

第二百一名鄭棟　江西萬年縣學生　禮記

第二百二名張祥鳶　直隸金壇縣人監生　書

第二百三名郭大綸　錦衣衛人監生　詩

第二百四名熊養銳　江西豐城縣學附學生　易

第二百五名程學博　湖廣孝感縣人監生　春秋

第二百六名周聚星　浙江永康縣學增廣生　書

第二百七名岳相　山東壽光縣學增廣生　易

第二百八名夏永　遼東都司廣寧前屯衛監生　詩

第二百九名游醇卿　直隸婺源縣人監生　書

第二百十名隨承業　山東聊城縣學生　易

第二百十一名王覲古　山西潞安府學增廣生　禮記

第二百十二名甄沛　山東魚臺縣人監生　詩

第二百十三名嚴大紀　順天府學附學生　易

第二百十四名樓如山　浙江東陽縣學附學生　詩

第二百十五名郭天祿　大寧都司學生　春秋

第二百十六名查志隆　浙江海寧縣學附學生　詩

第二百十七名趙訥　山西孝義縣人監生　書

第二百十八名戴鳳翔　浙江嘉興縣學附學生　詩

第二百十九名張檟　江西新城縣學附學生　易

第二百二十名王湜　江西新建縣學附學生　詩

第二百二十一名楊吉　陝西膚施縣人監生　書

第二百二十二名楊釤　直隸邢臺縣人監生　詩

第二百二十三名侯必登　雲南澂江府學生　禮記

第二百二十四名李承嗣　浙江鄞縣人監生　易

第二百二十五名吳紹　浙江秀水縣人監生　書

第二百二十六名甄津　山東魚臺縣學生　詩

第二百二十七名張庸　河南光山縣學生　春秋

第二百二十八名沈人种　直隸嘉定縣學附學生　易

第二百二十九名魏時望　江西南昌府學附學生　詩

第二百三十名范惟丕　直隸華亭縣人監生　易

第二百三十一名馬文學　直隸雄縣學生　書

第二百三十二名雷鳴春　直隸懷寧縣學生　禮記

第二百三十三名顧名世　直隸上海縣人監生　詩

第二百三十四名羅大玘　江西南昌縣人監生　易

第二百三十五名劉庠　湖廣承天府學生　詩

第二百三十六名曾同亨　江西吉水縣學增廣生　書

第二百三十七名徐廷祼　直隸崑山縣學附學生　詩

第二百三十八名金定　順天府平谷縣人監生　易

第二百三十九名荊文炤　直隸丹陽縣學附學生　書

第二百四十名謝東陽　四川保寧府學生　詩

第二百四十一名湯仰　四川新都縣學增廣生　易

第二百四十二名　馮善　河南登封縣人監生　詩

第二百四十三名　潛晨貴　神武左衛人監生　書

第二百四十四名　王君賞　山東淄川縣學生　詩

第二百四十五名　李江　錦衣衛人監生　禮記

第二百四十六名　韓邦憲　應天府高淳縣學生　易

第二百四十七名　陳雲桂　直隸山陽縣學教諭　詩

第二百四十八名　陸相儒　浙江嘉興縣人監生　書

第二百四十九名　馮珊　直隸宣城縣人監生　詩

第二百五十名　傅霖　山西忻州人監生　易

第二百五十一名顧堅 直隸吳縣學附學生 詩

第二百五十二名張光漢 河南武安縣學生 春秋

第二百五十三名黃襄 福建南安縣人監生 易

第二百五十四名胡儒 浙江會稽縣學增廣生 書

第二百五十五名徐濬 湖廣崇陽縣學教諭 詩

第二百五十六名宿度 山東萊州府學生 易

第二百五十七名陳觀 浙江餘姚縣人監生 禮記

第二百五十八名沈子木 浙江湖州府學增廣生 詩

第二百五十九名張尚大 江西萬安縣學生 易

第二百六十名楊津　山東諸城縣學增廣生　詩

第二百六十一名蔡悉　直隸廬州府學附學生　書

第二百六十二名俞咨益　浙江山陰縣人監生　易

第二百六十三名歐陽穀　江西安福縣學附學生　書

第二百六十四名李師孔　直隸開州學附學生　易

第二百六十五名趙熙靖　直隸常州府學生　春秋

第二百六十六名劉介齡　廣東三水縣學增廣生　詩

第二百六十七名丁士美　直隸清河縣人監生　易

第二百六十八名鄧洪震　廣西南寧府學生　書

第二百六十九名陳于陛　直隸曲周縣學生　詩

第二百七十名潘一桂　順天府遵化縣人監生　易

第二百七十一名尹約　山東平陰縣學生　書

第二百七十二名劉孚　山東益都縣人監生　易

第二百七十三名弋九疇　錦衣衛人監生　禮記

第二百七十四名邢邦　山東臨清州人監生　易

第二百七十五名石星　直隸東明縣學生　書

第二百七十六名王用楨　四川南充縣學附學生　易

第二百七十七名龐瀾　直隸任丘縣人監生　詩

第二百七十八名王堂　四川涪州學生　易
第二百七十九名盧修可　河南許州學生　春秋
第二百八十名李遷梧　山東安丘縣學生　易
第二百八十一名吳教傳　山東朝城縣學生　書
第二百八十二名李承選　河南延津縣學生　詩
第二百八十三名李向陽　四川雅州學生　易
第二百八十四名張齊　陝西長安縣人監生　禮記
第二百八十五名王闐　直隸清苑縣學生　詩
第二百八十六名李琦　順天府學附學生　書

第二百八十七名董文寀　順天府學附學生　易

第二百八十八名曹昺　山東茌平縣學生　詩

第二百八十九名趙華　直隸長垣縣人監生　易

第二百九十名張希稷　山東高苑縣人監生　詩

第二百九十一名公一揚　山東蒙陰縣學增廣生　易

第二百九十二名朱擢　陝西渭南縣學生　春秋

第二百九十三名牛若惠　河南祥符縣人監生　易

第二百九十四名劉濩儒　河南沈丘縣學生　詩

第二百九十五名姜友賢　山西寧鄉縣學生　易

第二百九十六名李晃　湖廣應山縣學生　詩

第二百九十七名張岳　浙江餘姚縣學增廣生　禮記

第二百九十八名周汝德　江西豐城縣學附學生　書

第二百九十九名邢實　山西洪洞縣學增廣生　春秋

第三百名程光甸　直隸太湖縣學生　詩

第壹場

四書

舉賢才曰焉知賢才而舉之曰舉爾所知爾所不知人其舍諸

林奇村

同考試官員外郎莊 批 此作不牽俗套於聖人用人意思發揮殆盡可以觀所養矣

同考試官都給事中王 批 此題作者類浮冗可厭是篇獨簡潔乃拔其真所謂賢才者耶

同考試官修撰諸　批　渾厚莊雅而發揮明
盡非識高學粹者不能宜錄爲式
同考試官侍讀姜　批　造詞嚴整而意更渾
融文之最優者允宜錄矣
考試官學士嚴　批　其意邃其詞勁是超凡
之作也
考試官學士李　批　理明詞暢可錄
聖人啓賢者以用人而因曉其所以盡得乎人
焉夫用人爲政之要也而合人已以爲公又何

患於人之不知且舉哉夫子所以答仲弓者如此若曰先有司而赦小過宰之當務者固也而不急於用人其可乎故爾當知夫國之須於賢才者甚殷而必盡乎汲引之道人之關於進退者甚重而務合乎舉用之宜以厚俗者尚乎賢賢者則舉之在位而在我不可使有蔽賢之譏也以修政者存乎才才者則舉之在職而在人不可使有遺才之嘆也斯則有司得人以克而在人由我以倡固有賢才畢舉而不患於不知

者乃仲弓不悟而曰焉知賢才而舉之是無見於人己合一之公矣故夫子則從而廣之盖以爲取必於己者隘而同人無我者明賢才之伏於下也爾固難於徧知之矣而爾豈無有已知者乎爾之於賢才也誠有所不及知者矣而人豈遂無知之者乎爾所知者爾從而舉之而其所未知者則姑以付之於人也是何也薦賢雖義之急而限於知焉事之不容強者則然耳由是人所知者人從而舉之而爾所不及知者人

豈終於舍之乎又何也好善則人之同而得於
倡焉心之不容已者固然耳是其始也有所舉
有所不及舉在我若限於未知而其終也因所
知及於所未知在人不患於不舉尚何不知之
足慮也哉抑進賢如不得已軻之言又若不專
任之人者何耶蓋下之舉賢貴於廣而上之用
賢貴於慎不慎而廣以言乎失則均也是故迪
知忱恂然後九德用而非其人則官寧有不備
三代慎於用人者固如此雖然九官十二牧之

命必極於疇咨則所謂進賢如不得已者又豈
獨三代之道爲然哉
德爲聖人尊爲天子

蔡茂春

同考試官郎中王　批　認題精切措辭簡典
發明大舜顯親之孝處非淺學可到者

同考試官都給事中藍　批　此題作者類多襲用
陳言可厭獨此篇發明孔子贊舜之意殆盡錄之

同考試官編修趙　批　體正而雅語和而莊

發聖人尊親顯親之孝明白可誦

同考試官編修王　批　大舜尊顯其親頗能言之此作獨歸本其不自聖不自尊之心尤見淵源之學

同考試官編修李　批　發揚大舜尊顯其親處殆盡非老學不能到

考試官學士嚴　批　敘舜德與位處皆不蹈陳言有見

考試官學士李　批　明切

觀虞聖德位之至而孝之大徵矣夫孝子莫大於尊顯其親也而舜德位兼至焉則所以成其孝者孰踰乎夫子以大孝稱舜而此著其實若曰孝者庸德也而舜所以爲大者何哉蓋以欲顯親者存乎德而德非聖人則顯矣而非其至也乃舜之德則爲聖人焉觀其樂取之誠舜固未嘗自居其聖者然濬哲中涵精一啓心學之秘倫物察而非有所思也溫恭外著重華協帝德之明仁義由而非有所勉也是以天下法焉

後世傳焉雖有作者而舜爲弗可及矣夫德則
歸舜而本其篤生之自則有貽之以名而名由
以無窮者舜非顯親之至而何哉欲尊親者存
乎位而位非天子則尊矣而非其至也乃舜之
尊則爲天子焉觀其南河之遜舜固未嘗自期
於位者然帝王曆數天心默定於受終主祭而
神享之也朝覲謳歌人心久歸於歷試治事而
民安之也是以中國踐焉元后陟焉雖有爵者
而舜爲弗可上矣夫尊則歸舜而展其報本之

誠則有從之以尊而尊由以特異者舜非尊親
之至而何哉況乎德之所在而位天子焉則德
以位而益顯位之所在而德聖人焉則位以德
而益尊此舜所以成孝之大而人子無復可用
其情矣其孰得而及之哉嘗讀二典而於舜有
深慕焉舜以聖德居天子之位有虞風動而萬
世之下頌其治者不衰則信乎聖人之盛而立
君道之極者夫子嘗曰君哉帝舜又豈非觀於
上世之化而獨有所嘉者乎然則舜蓋配天出

治而又無愧宗子之責者蓋嘗順親而已也是
故舜於親則大孝於君則至仁合而言之於天
則克肖

禹稷當平世三過其門而不入孔子賢之

張烈

同考試官都給事中趙　批得時行道乃孔子賢
禹稷之旨是作體認真切必有志於用世者宜
錄以式

同考試官檢討馬　批孟氏平生執求於孔

子孔子賢禹稷處正在過時動事變中不能體
貼作文雷同蹈襲殊令人厭觀近來舉業大壞
士子專務記誦舊套利取科第無復窮理實學
矣此篇能發孟氏言意用錄爲式

同考試官檢討晁　批　說禹稷急於救民處
精當且質字意冗落體貼錄之

同考試官編修曹　批　唐虞之臣以身任事
如此是作發之宛然必有志事功者宜錄

考試官學士嚴　批　能發聖人心諒亦能不負

於時取之

考試官學士李　批　詞古意透是懷禹稷之心

者

聖臣遇時而勤事聖人之所與也夫聖人之道與時偕行者也孔子之賢禹稷也非以其時之既遇而克勤其事哉今夫濟天下以道行道以時時行而行吾於禹稷見之矣禹稷所當之時何時也唐虞之際貞元會而聖作堯舜之聖上下交而志同蓋洪水艱食天下雖若猶未平也

而君明臣良天下有所賴以平也是平世也禹稷當其時因當其任當其任因當其事禹爲司空四載是乘而盡力於荒度日孜孜焉必使九州攸同四隩既宅而後已也三過其門不入也稷爲農師百穀是播而躬教乎稼穡日孜孜焉必使烝民乃粒萬邦作乂而後已也三過其門不入也夫過門且不入則非過門之時可知已三過門三不入則久於其外可知已禹稷之勤其官於平世也如此孔子何以賢之耶禹稷所

行之道孔子之所欲行也禹稷所遇之時孔子
之所欲遇也禹稷當堯舜之世而時可以行其
行之而勤也是樂則行之之義孔子以爲濟世
當如是也孔子不能遇禹稷之時而慕其道之
得行其賢之也是用之則行之志孔子于所爲曠
世而相感也吾無間然以賢禹而書若詩述之
天下爲烈以賢稷而書若詩述之孔子固有以
哉是則禹稷心堯舜之心而堯舜之世盖平孔
子心禹稷之心而禹稷之賢以彰故曰先聖後

聖其揆一也抑又論之居陋巷之顏子異於過門不入之禹稷矣而孔子亦賢之賢其能相時也夫顏子相時而居陋巷焉無禹稷之遇也而禹稷之遇則遇堯舜也禹稷遇堯舜而得以賢稱是禹稷之賢堯舜成之也堯舜能成禹稷之賢是故禹稷則孔子賢之堯舜則孔子聖之

易

元吉在上大有慶也

黄國華

同考試官員外郎莊　批　理精詞粹蓋深於易學者可以爲式

同考試官都給事中王　批　造詞典雅說理明盡非有心得者不能也

同考試官修撰諸　批　詞簡而意盡錄之

同考試官侍讀姜　批　通篇一字不苟易義難得者真得士也

考試官學士嚴　批　深精微說易不當如是耶

考試官學士李　批　大有慶就上句講便有見

聖人於履善之極者而申贊其福之盛焉蓋天之所以福有德必要諸其極也履爻在上而得元吉其慶不亦大矣哉此象傳所以申贊之也意謂天人有交應之理履道惟克終之難茲履之上九道協於其旋善底於有終不惟曰吉也而且元吉焉不惟曰元吉也而且在上焉則其在君子也爲備道於成行之餘而其在天道也

乃眷德於考成之後矣如是而不謂之大有慶乎蓋非吉不足以語慶非元吉在上不足以語慶之大也今則行之既成即其天之已定靈承有自克綏乎單厚之祥道之既備即其命之于常昭鑒不違茂膺乎有秩之祜初之素履僅可以无咎也由初以至於終則事兼美善之全而純嘏之錫於斯爲盛矣豈惟无咎而已耶二之履道僅得夫貞吉也視履而恊於極則德會純粹之精而休嘉之集獨享其隆矣豈惟貞吉而

已耶此其慎修以自淑本無倖福之心而修德以格天自有大來之慶非爻居履之上何以得此哉由是知天人之交其機不爽而吉凶貞勝罔不在終君子不可以不慎也抑此聖學也惟敬且一者能之敬則不懈一則不二是故作德純而終始協矣天其能違之耶蓋吾心之理與天爲一心無愧怍固不必求之感應之常而即所以得乎天也況天之助順又有不違於斯理者哉此又視履者所當知

一陰一陽之謂道繼之者善也成之者性也

焚苛材

同考試官員外郎莊　批　理氣說得分明而詞復嫈整其見道者耶佳士佳士

同考試官都給事中王　批　繼善成性即一陰一陽之道此作語意真微宜錄以式

同考試官修撰諸　批　詞意婈潔說理精瑩是深於易者

同考試官侍讀姜　批　簡明可取錄之

考試官學士嚴　批　爲此文者其知道乎

考試官學士李　批　潔淨精微

大傳以氣之運名道必即天命以見之也夫道寓於氣者也觀於天命之善性有足徵矣一陰一陽不謂之道而何哉聖人原道以示人蓋謂天地間本一氣流行而有動靜者陰陽之謂也彼靜涵其體而爲之陰矣一陰而又一陽闔闢妙於相承動顯其用而爲之陽矣一陽而又一

陰屈伸神於所感是化機有本非徒一氣之自行動靜互根實惟斯道之全體也不有是道氣之運或幾乎息矣道非一陰一陽之謂乎自其行於陽者言之有繼靜而動而爲繼之者天命於是而流行造化絪縕鼓其方出之機太極渾涵運於形氣之表固无貳无雜而謂之善矣曰繼善則所以爲性之原者在是也善不出於繼之外而謂道外於氣耶自其具於陰者言之有曲成不遺而爲成之者天命於是而賦與眞精

妙合凝於有形之初性命各正具於保合之際
固有物有則而謂之性矣曰成性則所以爲善
之實者在是也性不出於成之外而謂氣非爲
道耶夫道具於陰陽而見於天人如此非通極
性命者曷足以發之嗚呼於此見道體之全也
君子能盡性則克肖乎天而道會其全性未能
盡則與天地不相似而違道遠矣道之所以不
明於天下者有以也是故欲合陰陽以成其德
當合動靜以致其功先儒曰善反之則天地之

性存焉其有見於此乎

書

公其以予萬億年敬天之休

張烈

同考試官都給事中趙 批 精純典雅獨超衆作佳士佳士

同考試官檢討馬 批 氣象可觀得王者立言之體錄之

同考試官檢討晁 批 宅洛配命本周公忠

愛無已之心諸士述成王推美意多殊懇切得

此醒然錄之

同考試官編修曹　批　簡重而雋永藴藉而

光采傑作也

考試官學士嚴　批　體莊而語舒

考試官學士李　批　疏通之作

賢王美大臣建都有無疆惟休之意焉蓋周公

營洛其意至深遠也成王推而美之不謂能諒

其心乎若曰人臣之事君不貴乎徇一時之利

而貴乎建萬世之猷公之營洛邑也相宅定宅
經緯協乎時宜而猷卜獻圖規模極其宏遠盖
將使我據道里之適中者爲會同之地而敬修
可願以承休命於無疆即陰陽之和會者爲式
化之基而祗承不怠以迓天休之滋至百辟享
而侯於周服天休固見於臣矣爲之王城以朝
之庶乎位德元以正百辟數不可得而限也萬
姓悅而附我大邑天休固動於民矣爲之下都
以臨之庶乎服土中以撫萬姓曆不可得而窮

也向以基命未定我不敢知今則善始之中已裕夫善終之計而萬億年天地同其悠久此固公之所以爲心耳向以定命未允我不敢必今則可大之規已寓夫可久之業而萬億年宗社藉以靈長此固公之所以爲謀耳夫周公宅洛之意如此而成王體之又豈敢有怠忽哉抑周之君臣動稽諸天而言必本於敬者以天人之迹遠而敬肆之幾甚微也遠則難通微則易玩而一念少殊安危治亂基之矣成王一不曰受天

之休而必曰敬焉其亦得於周公之輔養者哉
申畫郊圻慎固封守以康四海
張鳳岐
同考試官都給事中趙 批 善發周王保治之
意且詞語莊嚴經義之最優者
同考試官檢討馬 批 保釐東郊在修舉
周公成法者此作得之
同考試官檢討晁 批 形容周王杜漸防微
之意宛然在目必留心經學者宜錄以式

同考試官編修曹　批　說尊嚴王畿意論

之有尊嚴氣象

考試官學士嚴　批　文氣彬蔚筆力蒼健

考試官學士李　批　得康王命畢公意

賢王命大臣欲其飭大防以安天下也盖郊圻封守王畿之大防也因時飭之而所以安天下者不在兹乎康王命畢公之意若曰善治民者立大政以振維新之化尤必重大勢以爲根本之圖是故郊圻之在先王固嘗規畫矣歲久易

湮将無或潰其防者乎殆必申而畫之遠郊近郊截然條理之不紊圻內圻外秩然界限之必明非必盡易其規而所以圖舊以增之新者當不遺其力焉封域之在先王亦有常守矣世平易玩将無或懈其事者乎殆必慎而固之捍衛遴其人以嚴怠弛之戒保障密其法以峻出入之防非必盡易其舊而所以振廢以作其氣者思以殫其心焉夫是固所以飭王畿也然郊圻申畫則體統尊而綱維著有以讋殷民覬覦之

心封守慎固則藩屛嚴而紀律張有以杜遠人
窺伺之念風聲覃被非獨在洛之見旌者有所
恃而不恐而四海式化莫不臻康乂之休也聲
教遠訖匪獨在洛之見別者有所畏而不爲而
四海承德莫不獲寧謐之慶也是知奠王畿者
篤近也其威自行于遠康四海者舉遠也其端
實本于近然則洛邑根本之地而可勿圖乎抑
考畢公四世元老去周公未乂而洛邑郊圻封
守乃康王拳拳爲言若慮其遽廢者何耶盖保

治者貴先幾以審而變至始圖則無及矣詩曰迨天之未陰雨綢繆牖戶吁康王知此其保無虞之治也宜哉

詩

王命南仲往城于方出車彭彭旂旐央央天子命我城彼朔方赫赫南仲玁狁于襄

蔡茂春

同考試官郎中王　批　威武奮揚正南仲之所以成功處此作詞嚴意正始終重于王命尤

而有見宜錄以式

同考試官都給事中藍　批　此篇始終歸重于王
命最為有見且文釆蔚發盛時氣象宛然是善
言詩者

同考試官編修趙　批　隊仗整肅而氣燄赫
然是善言王師威靈者

同考試官編修王　批　文有光燄能發揮王
師無敵氣象末歸功於君尤見遜養

同考試官編修李　批　詞旨雋永結構密緻

非苟作者

考試官學士嚴　批　周得其策子得其意

考試官學士李　批　得詩人意旨力又足以

發之故錄

大將承備邊之命而因成靖邊之功焉蓋禦戎之道城守而已周王以是命將而南仲能奮揚以成其功詩所以歌之歟賦出車者之意若曰朔方天所以限華夷也城朔方王欲以攘夷而安華也是故將有南仲王則命之城于朔方王

使往馬持大權而丈人是畀得其人也峻大防
而要害是守得其策也南仲一承斯命遂奮厥
威利衝突者車也則彭彭焉載義而行有既堅
之器矣齊進止者旂旐也則央央焉彰氣而動
有孔揚之色矣乃南仲則欲壹乎衆志而作其
勇氣爰特宣乎王命而振其威靈語人曰天子
命我城彼朔方夫謂命出於天子者昭其尊焉
而閫寄是任我不敢不敬共也夫謂城朔方乃
天子之命者昭其重焉而廟謨所授將士不可

不協力也以有能之將統有制之兵以有翼之心申有嚴之令赫赫哉此南仲也先聲有奪人之心也先爲不可勝以待敵之可勝也無輕戰鬬而動在萬全彼孔棘者賴赫赫者驅之而王事之難釋矣不事窮黷而守在四夷彼匪茹者賴赫赫者除之而王命之承副矣然則城于朔方信宜南仲是命而襄厥懋猶是爲南仲之膚功也歟帥還而勞之也則曰雖然南仲之功天子之功也蓋城朔方天子意也南仲天子命之

也故曰天子之功也且天子任孝友柔嘉之倫日相左右而南仲得安行其備之之策無撓於遥制者南仲之功之所以成也尤天子之功也後世璽書報後將軍善其所上方畧而老臣竟餝塹壘校聯於湟中坐得制羌取勝之道噫近之矣

聿修厥德永言配命自求多福

程道東

同考試官郎中王　批　認題精切遣詞莊重

周公忠愛之心透一於言表

同考試官都給事中藍　批　修德配命求福本非二事此作發揮透徹迥異諸篇是經義之最佳者

同考試官編修趙　批　周公欲成王純於敬德忠愛懇切此作獨能發之

同考試官編修王　批　以敬止緝熙命意精確造語純粹宜式多士

同考試官編修李　批　體認精切得詩人告君之意

考試官學士嚴　批　修德永配命正是法祖
而求福以德是爲自求此作善能發之

考試官學士李　批　善體認發揮

大臣於王勉其修德之純而效能自致焉夫德
修而福至本不假於外求也然非配命之永豈
純於修德者乎周公所以戒成王者如此若曰
我周以爾祖之德而受命則爾固不可以不知
念矣然爾祖之德德之敬者也念祖而不法其
德業其可得而保乎必也求端於心以獨觀乎

萬化之原慎修其身以懋建乎四方之極務去其不如爾祖者以就其如爾祖者使有以遡敬止之源斯可矣然爾祖之敬緝熙之敬也修德而非永於配命德莫可得而成乎必也自一念而達之於百慮内焉而罔不欽也自一事而達之於萬幾外焉而罔不臧也蓋理之命於天者無間則我之配乎命者無違務有以守緝熙之矩斯可矣由是命之配而德修焉既有以對揚乎祖烈則德之修而福集焉自有以克享乎天

心陳錫於周天所以鑒爾祖之德也今焉德不異於其祖則命不遺於其天子孫保之周士賴之而福之不可倖者我固莫之或辭矣假命維新爾祖所以承天之眷也今焉德有以纘其舊則命有以永其新殷之子孫彌服焉殷之膚士彌臣焉而命之不于常者天亦莫之或違矣不謂自求多福而何哉蓋自天人之分而觀之則福者天之所與謂之自求不可也自感應之機而言之則福者德之所致雖謂之自求可也然

則求福無他焉修德而已矣修德無他焉法祖而已矣嗣王其可以不知務乎抑此詩反覆啟周得喪之故而無逸一書又於小人之依者詳焉乃其旨皆歸稱乎文王者何也蓋法祖則德修而天可祈也康功田功即而民有依也以是保業何有哉然抑畏之戒敬止之訓二篇合一焉則信乎敬者祈天勤民之要而詩書相為表裏尤見矣

齊人執鄭詹莊公十有七年

毛惇元

同考試官檢討馬 批 明潔充暢而法度森嚴

可以式矣

同考試官修撰林 批 發明春秋待齊意筆力

雅健

考試官學士嚴 批 簡嚴得體

考試官學士李 批 是深於春秋者

春秋紀伯討而寓備責之意焉于以見桓之執

詹而自治則竦矣春秋厚於待齊得無備責之乎齊何以執鄭詹也宋同盟也而侵之齊伯主也而不朝焉詹聽其政國宜咎之執矣春秋乃以惡齊者何蓋以責人之心責已則盡道以愛已之心愛人則盡仁使桓能知此則德進於王而奚有於詹之執也耶夫何宅心弗宏惟求諸人而不求諸已圖伯是急不示之德而遽示之刑人之虐鄰吾所惡也而重怒之凌其何以堪獨不可以之自反乎人之親已吾所欲也而惠

徵之願其孰無懷獨不可推之愛人乎使桓而非伯也固無望焉爾伯如桓天下方賴其安者而乃一朝之不忍果罪之在鄭耶抑罪之在齊耶使桓而非賢也亦無責焉爾賢如桓諸侯方望其賜者而乃一眚之不宥果鄭之不能事齊耶抑齊之不能撫鄭耶聖人以爲王者厚於責躬故不親反仁不治反智而人無不服恕以及物故招携以禮懷遠以德而物無不親惜也桓公不足以語此詹之執悖於道而違於仁矣其

何以宗諸侯哉故春秋書齊人執鄭詹以見其不得爲伯討蓋望之深故責之備也不然豈厚於鄭而薄於齊耶抑齊桓君臣每於成功而無以居之幽之盟諸侯服矣而詹執召陵之盟楚人帖矣而濤塗執蓋桓量淺而仲器不宏也故君子觀于斯未嘗不嘆其志之易驕而卒無以服楚懷鄭者有由矣噫此王道敦不息之誠而春秋之待桓者其亦不得已也夫

公會齊侯于夾谷定公十年季孫斯仲孫

何忌帥師墮費定公十有二年

錢順時

同考試官檢討馬　批義精確詞莊重是善

言聖人之化者

同考試官修撰林　批明整可録

考試官學士嚴　批至聖事功知子獨往之

考試官學士李　批是比事之文不亂者

春秋紀聖人有化行於外者有化行於內者甚矣聖德之盛也觀於齊魯俄頃之化非聖人而

能若是乎齊自桓公肇伯以來無日不以競詐力為事魯為之弱久矣夾谷之會何以見化行於齊乎蓋天下莫大於理齊聽犂彌之謀以夷謀夏以俘干盟於理悖矣我魯所以有辭也於是孔子率古道以當其變一言而齊之君臣瞿然以服裔夷却而三軍之衆無所用其強矣甚哉理之足以服人也使究其效焉則王道所達如舜之苗格文之崇降固可推之天下而準也其感而服者豈獨一齊乎故經紀之見聖人化

行於外如此魯自季宿專國以来無日不以自封殖爲事公室之卑久矣費之墮何以見化行於魯乎盖爲國莫大於禮季狗南遺之請家有甲兵邑有城池於禮僭矣家隸所以爲資也於是孔子陳古制以救其弊一動而魯之君臣翕然以從私邑毀而百雉之城無以負其固矣甚哉禮之可以爲國也使究其志焉則王制所謹如京櫟之患鄭蒲戚之叛衛固可行乎列國而順也其感而從者豈獨一魯乎故經紀之見聖

人化行於內如此夫化行於齊是夫子之變齊也化行於魯是夫子之變魯也聖人用世之效有如此哉雖然齊之服也以晏子爲佐有獻可替否之忠魯之從也以仲由爲宰有聞義必行之勇是亦二子之功也合而觀之則夫子之化固不可測而晏子之以君顯仲由之可從政不益信哉

禮記

天道至教聖人至德

王之翰

同考試官署員外郎王 批 發明至教至德辭不費而意義躍然宜錄以式

同考試官侍讀胡 批 融會註意成文而不煩可錄

考試官學士嚴 批 簡而當

考試官學士李 批 平達

記者論天之與聖其德教皆爲至焉夫天教聖德迹異而理一也斯其所以爲極至歟記禮器

者之意若曰教之至者莫大於乾世而德之至
者莫盛於法天何則立天之道曰陰與陽而太
極動靜之理乘焉錯行代明不已以妙其用散
殊同化相禪以神其機運之爲命而默示於無
言者有以肇禮樂之本顯諸其仁而昭垂於有
象者所以開制作之原易簡廣大凡其形而上
者無非教也至精至微夫孰得而加之哉聖人
作則曰禮與樂而精神心術之藴形焉威儀交
錯秩乎其有章小大相成純然其閒間求端於

天載之神而和序之妙與造化以同流效法于
於穆之運而制作之功與陰陽而合德中正和
樂凡其得於身者莫非德也盡善盡美夫孰得
而加之哉是則天道至教至德之本所以立也
聖人至德至教之用所以行也觀於此而天人
一致之妙可見矣抑論道原于天德教之所從
出也聖人體道於身而制禮作樂豈惟合德於
天而已哉所以明天道以教天下後世其贊化
育之功於是乎爲大矣世之視禮樂者不究其

制作之原乃曰器數之末而道不在是噫是豈
足以知聖人之於天道哉
凡音者生人心者也情動於中故形於聲
聲成文謂之音是故治世之音安以樂其
政和

張憲臣

同考試官署員外郎王　批　辭瑩義精鏗然可誦

亦可謂治世之文者

同考試官侍讀胡　批　發慎感意明淨

考試官學士嚴　批　即謂之聲成文者非耶
考試官學士李　批　是文生於心者可錄
記者原音本於心而和於政見感之當慎也蓋心以政感音之所自生也政和則音和矣此先王之所以慎感乎今夫人心之所因以宣者音也而其所由以動者感也感之於人大矣哉何則樂由音以生夫豈無所自耶蓋人之有心其渾然在中者涵聲氣之元而音之本則在是焉寂然不動者具感通之妙而音之用所由生焉

物感而動喜怒哀樂之情則永言以宣之不容以自已也有弗形於聲乎聲應而生清濁高下之變則依永以比之由是以成文也斯不謂之音乎夫音之生本於心之感而觀其所感則上之政爲之是故至治之世形之歌咏以揚其自得之休者安舒而不迫發於聲音以鳴夫太平之盛者懽樂而不流音之至和也審音而政可知矣其禮序樂和而德教溢焉政均刑措而王道備焉故政善則民安樂心由之以感也心和

則氣和和聲於是乎生也政之與音其為感通之本豈不大哉先王慎其所以感之蓋知本矣雖然君心出政之本也古昔聖人以純王之心發而為純王之政故能以感人心之和而音生焉由是作樂以宣暢其和而天地官萬物育者胥此矣苟無聖人之心而欲求其政之和以感人烏可得哉故曰聖人感人心而天下和平

第貳場

論

聖人所以合內外之道

蔡茂春

同考試官郎中王　批　典實純正發明聖人制禮之意親切有味可以觀其素養矣

同考試官都給事中藍　批　格高而詞古氣昌而思精開闔變化而本深於理是真達禮之本者佳士佳士

同考試官編修趙　批　理正詞雅氣宏意暢而條理燦然是必能履仁蹈義而自檢以禮者

同考試官編修王　批　洞究聖人制禮本原純

粹之學博雅之才又足以發之真經緯之文也

同考試官編修李　批　仁義禮本同一貫此篇根極要領發揮精到宜錄之以示窮理之學

考試官學士嚴　批　格如陳灝如蘇氣如歐

考試官學士李　批　認理親切措詞昌達

聖人坊天下以禮而實教天下以心是故因諸性以爲之本詳諸制以爲之文協諸中以爲之極性具而中涵焉禮制而中形焉此其合一之妙固有不待聖人而各自足者然而情不一者

或失則渙分不一者或失則乖而民之心日遠
於中美聖人知夫是不可長也制爲之禮以坊
之而其所爲禮則亦取諸人心仁義之性節而
文之以遂其所欲致夫是以天下之人便其法
制之詳可因以自守而又內悟於心安其立教
之非強相率從之由其理以得其性而化中之
治卒以大成於天下然則聖人因性制禮而實
先之於其內天下因禮悟性而常得之於其外
夫固以其心之一者相通耳不然則私智所成

民恃佛信又何以立教而建之極哉故曰聖人所以合內外之道吾獨怪夫後之論者岐而二之而使聖人制禮之原不白也彼其是內而非外者則曰禮者忠信之薄曰聖人滅性起僞而不知心者文之隱內者未始不外也使內而無與於其外則其內爲枯寂而非所以謂之性矣徇外而遺內者則曰聖人制禮有術焉輕去其故而不知文者心之著外者未始不內也使外而無與於其內則其外爲贅疣而非所以謂之

文矣今夫天高地下萬物散殊而禮制行焉記
禮者嘗有是言矣然究而言之孰高下是孰散
殊是沖漠無朕之中而萬象森然已具則内外
之合在天地亦莫不然者何獨至聖人而疑之
吾嘗觀之人於身有耳目口體而其接於人有
所謂君臣父子夫婦長幼朋友之五者其耳目
口體必有視聽言動之用其接於君臣父子夫
婦長幼朋友必有事以成其倫是禮文之所由
生也至其觸於外而驗之心則吾見其固有藹

然而相親者矣固有燦然而相讓者矣是則仁
義之實而禮之本也是心也見於耳目口體則
爲視聽言動之中見於君臣父子夫婦長幼朋
友則爲親義序别信之中茲所謂內外合一之
原而夫人與聖人者一也茍其善推而不窮則
其隆殺曲直莫不各有天然之則又何俟於聖
人之禮乎惟夫好惡無節於內知誘於外而其
所謂中者斯梏之亡矣雖其間資稟稍厚或時
率其愛求以達乎心之仁而怡愉子惠漫無差

等則其情之用也渙或時率其宜求以達乎心之義而羣分縷析漠無浹洽則其分之别也乖乖則病仁難與語義渙則病義難與語仁仁義兩病難與語禮是性本同而交相廢矣嗚呼內之喪而外斯悖焉外之悖而內益喪焉且其勢不至於交賊而大潰者不已矣聖人以爲禮之於民也猶坊止水所自來也坊不設則有求患而民心罔中吾既不能使頓悟乃又無禮以防之則民將益便其情而莫之禁止其過豈專於民

哉然議禮自我不出於性而非其天然自有之中則違於心即疑於行通於此將塞於彼又何以強其必行於天下於是思以統一其渙而整齊其乖也則爲之辨儀物秩名位綢繆其節度使其致謹於耳目口體之間而栝習於君臣父子夫婦長幼朋友之際者甚修而綦隆而其所以辨所以秩所以爲之綢繆者又皆本吾仁義以爲之節文而一毫私智不與焉是故吉凶軍賓嘉冠婚喪祭別之目而周旋進退各有其度

也輿馬宮室旂常冕服通之意而尊卑貴賤各有其差也縞收端冔鞸紳綦幅舄之飾而裼襲委垂各有其宜也琮璜琚瑀齊夏和鑾定之節而步趨疾徐各有其則也尊罍簠簋羔鴈幣篚列之器而酳酢周折各有其方也用之有不可易之物而非是則不安於己行之有不可亂之數而反是則不協於人其主於心謂之中通於命謂之性其出吾心性者行之於禮文其行乎禮文者原之於心性其合乎心性禮文者楷之

於身而達之人倫聖人之所以宰制萬物而役使羣衆者豈人力也哉故人見其仁足以長人義足以公利以爲聖人之內之善也不知此則無體之禮而外者涵矣人見其聯之有變辨之有宜以爲聖人之外之善也而不知此則仁義之實而內者形矣人見其率禮以用情則仁不渙率禮以用分則義不乖以爲聖人內外之咸善也不知其以心會性以性用中以中經制無內無外之可言者也是故禮行於身則視明聽

聽言從貌恭是外之中也而莫非其心之仁義也禮行於倫則以正君臣以篤父子以和夫婦以睦長幼以厚朋友是外之中也而莫非其心之仁義也禮行於天下則萬物以昌江河以流日月以明四時以序星辰以行天地以合是外之中也而亦莫非心之仁義也故過者則俯而就焉曰如是而心盡聖人之禮吾不可過也其不及者則企而及焉曰如是而後心可盡聖人之禮吾不可以不及也其日用而不知者雖未

可概責其著察而相與服習其教將亦戢其無忌憚之爲而得以寡過嗚呼豈獨當世域之而域焉後有作者亦俟之不惑盍立隆以爲極而萬世莫之能損益矣何也心也性也中也推之古今無不準者也然則聖人非能以禮取必於人而心之性一天下後世國莫之外矣天下後世非以其私強附於聖人而性之中一人自莫之或違矣嘗讀易至履君子辨上下定民志其禮則嚴矣吾以爲彼徒象於天澤以成於外者

然也及觀伯夷典禮之訓皐陶惇典之謨則又喟然嘆曰嗟乎寅清然後禮可典而曰敘曰秩必歸之天焉信乎禮合於性而不可二也故善言聖人之禮之外莫如易善言聖人之禮之內莫如書合易與書而聖人內外合者見矣世之言禮者吾惑焉舍其內而弗求日以聚訟於其外而卒使聖人合一之禮不明於天下曾不知性不可變而其外有時焉協之於心而協則禮雖先王未之有者猶可義起也不然即盡取先

王之禮行之亦秖見其信不由衷而況併其外而失之也善乎歐陽子有言三代而上治出於一禮樂達於天下三代而下治出於二禮樂爲虛文嗚呼其有所見也夫其亦有所感也夫

表

擬含譽瑞星見輔臣楊士奇進

賀詩表 宣德五年

林奇材

同考試官員外郎莊 批 體格渾成思致深遠鏗

鏘餘韻宛若大雅之音令人一倡三嘆真名筆也

同考試官都給事中王　批　氣格嚴整音韻鏗鏘且
字字精確句句俊麗真非凡才可及

同考試官修撰諸　批　用意精深造詞藻麗
體格雄渾氣韻和平名世之作也

同考試官侍讀姜　批　文藻蔚然聲響鏗然
工于四六者亦可以占所蘊矣

考試官學士嚴　批　燦然有奎璧之光

考試官學士李　批　典則駢麗音律鏗然

宣德五年冬十二月二十一日夜含譽瑞
星見其占爲人民和悅夷狄奉化之應具
官臣士奇已率羣臣
廷賀外茲恭拜
璽書之賜謹
獻詩一篇申
賀者伏以
璇霄朗象上禎昭
有道之符

黼座凝釐吉兆啓無疆之曆萬國之懽聲雷動
九重之德諭
天數仰
懋敬以緝熙善靈承乎
帝祉敢摛詞而揚厲庸潤色乎
皇猷臣誠忻誠忭稽首頓首竊惟大君與天地
同流隨感輒應聖人以日星爲紀未占有
孚是以德隆則晷星神理夙筌於往牒志
壹則動氣曜靈每鏡於先幾雲晃攝提寶

鼎契軒轅之策景明翼軫玉繩流河渚之
圖若連貝若連珠總彰政舉或聚房或聚
井竟驗邦興盖圖轂秉陽臨鑒之明罔漏
而渾儀測緯類從之應靡愔煌煌耀青竹
之編歷歷顯白榆之種睠茲含譽標厥瑞
輪白如玉而黃如金品髙格澤大比丸而
芒比彗義掃攙搶閒輝宋代以稱奇直侯
明時而表治茲盖恭遇
皇帝陛下

斗樞緐粹
日角昂姿
明晉德以自昭惟貞百度
察賁文而觀化時撫五辰
帝道大光
天工丕亮能誠則形形則著九功敘以興歌不
息則久久則徵七政齊而循軌茲者歲次
掩茂辰會玄枵瑞輝忽傍乎九斿望舒逈
映殊彩更張於八數津界爲蒙融灝灝之

元晶曆蒼蒼之正色拱乎
乾紐陸離呈十夕之祥助彼泰階璀璨增六符
之熖緣
聖化叶由庚之詠肆
天文快宣夜之稽豖息跂行普樂春臺壽域雕
題卉服各安桂海氷天匪今斯今巳治益
治保章騰奏岳呼允愜乎輿情凴相告祺
時勑彌崇乎
聖志欽

昊穹之簡眷戴
宗祏之明靈
閭閻頌
綸歸茂功而不宰典謨引
訓勉篤棐以加勤此其
聖不自聖之心所以優入於
聖域而
新又日新之德尤宜輯輳乎新禧者也臣士奇
景賢慚聚頼之荀過

主愧起巖之傅叨聯四輔曳星履于
徽垣忝切三台列
殿班于
華蓋有爛之祥曜創見興視夜而雀躍奚勝無
前之懿爍忻逢
世如春而鴻聲合播爰模三頌美盛德之形
容敬綴四言鋪休徽之舄奕無闡
奎章而載筆瀆徽
電覽以爲榮若被龢部當聞樂而知德以登

史冊必永世其有辭矣詩不多傳信斯在

伏願

北辰注慶

南極增齡戩井鉞偃麥旗煥瑤華於璧府調箕

風順畢雨熙玉燭於璣衡臣無任瞻

天仰

聖懽忭踴躍之至謹以所撰

賀瑞星詩隨

表上

進以

聞

第叄場

策五道

第一問

黄國華

同考試官員外郎莊　批

皇上敬德格

天降祥孚佑臣民鼓舞謌詠莫覩其精是作獨窺見本原

頌贊
盛美有得
聖心之精可以鳴
聖治而垂無窮佳士佳士
同考試官都給事中王　批
皇上以至德隆
天眷天下臣民咸沐其
休光而莫能闡揚其
盛此作獨頌述精詳而文采爛然非有得於久道之化者不能

也敬服敬服

同考試官修撰諸　批
我

皇上純敬孚格

上天丕迓奇祥光昭至治真與帝堯合德巍巍蕩蕩如天難名而

此作乃能揄揚精悉宜錄之以彰

盛美於無窮云

同考試官侍讀姜　批
我

皇上欽

天之誠承

天之眷與唐堯同其盛美諸士類以能鋪揚之矣至于莊誦
御製欽
天記能析其精義條答問目則非尋常所可及此必涵育
聖化之深而有得者乎
考試官學士嚴 批 夫學者稽古論撰執一不
曰欽者聖學之要至讀堯典見堯德之首於欽
也亦未嘗不起羹墻之思爾今躬逢
聖人又得仰覩
聖製仰窺

聖學而
聖化之盛因仰賛禹臯真如在堯世矣篇内鋪揚
皇天眷命類如益之賛堯臯其益拋爲堯臣哉
考試官學士李　批
皇上欽承
天眷
製爲記頌即古帝堯欽
天之心莫加也子能敬揚其盛其亦涵育
聖化而有得者乎

天敷上瑞
聖人承之而其道光
聖人敬事
天
天盖乎佑之而其祚昌明明在下赫赫在上合
一之機也惟天無親克敬是親自然之理
也是故大哉
聖人之言
聖人所以善承其眷於

天一哉
聖人之心
天所以益隆其眷於
聖人而
天與
聖人相與之際真有厥孚交如者矣夫聖人之
欽天也乃自古記之備哉燦爛矣若夫首
紀典謨以冠德卓絶者莫崇乎陶唐是故
大哉堯之爲君孔子稱之今觀其欽也與

皇上同德其欽若昊天也與
皇上同道而其獲甘露也與
皇上同瑞是故執事並稱之而愚生敢遂並敬
揚之愚生竊聞嘉靖九年迎長之日陽生
之始
皇上祗行
大報禮于
圜丘是夕也即有
珠躔布祥蒼靄凝瑞居無何而

皇考玄宫
天爲埀甘露其上焉守者以聞
皇上𢦏之其明年仲春吉日惟甲乃復詣
圜丘謝
帝之貺因製欽
天記頌
賜之勲輔講學等諸臣而播之天下愚生因
得恭測其槩矣夫露者和氣之津而其甘
者則軒轅之精天乳之液瑞圖所謂瑞出

於天瑞之上者也今其零也其期則方禋
郊之期也其地則
皇考棲神之地也是誠允瑞者也蓋昔者
皇考之時嘗夜零而凝枝
皇考嘗之爰有甘露之詠則已謂其兆福矣而
皇上果應五百昌期電繞虹流以開我
國家萬萬年無疆之福
天心素屬瑞兆先見豈直今有之哉竊聞
皇考

命致齋之臣則誠之以精一從事
諭輔導之臣則自述其兢業敬畏而講官因以
存養之密造詣之深贊之夫至誠之道可以
前知
皇考則至誠矣而豈不前知哉恭稽瑞應諸書
云聖德上及太清下及萬靈則甘露零又
云王者德及於天和氣茂則甘露零又云
君政太平則甘露零又云耆老得敬則甘
露零又云恩及於物則甘露零自今觀之

正我
皇上之謂也然則昔之零也以啓
聖人也今之零也以應
聖人也
天意甚昭昭也乃
皇上不自居於聖而惟欽乎
天莊誦
御製灝灝噩噩無非欽者若曰上荷
簡在若曰上荷

眷殊若曰露垂上瑞若曰寶露降祥若曰稽首
而迓若曰感
恩曷已是珍佩之誠也若曰爰諏衆猷贍答
圜丘誠恐誠惶懼惟弗遑是申爾之禮也若曰
神功惟
祖超今邁古遺我小孫受
天之祜若曰
玄德惟
考潛升

穹昊延予小子荷
天之保是稱
親之孝也若曰祇竭愚衷若曰嘉貺眇昧是撝
謙之光也若曰兆民其綏若曰福我下民
是子民之仁也若曰敢昔自傒夙夜勉修
若曰朝夕惕然上稟
眷命是保祚之慎也夫若此者皆
聖心之欽爲之也欽存於心是謂先天而天弗
違

天之所以眷也是所由致瑞者也欽形於言是
謂後天而奉天時
天之所以益眷也是所由益致瑞者也是故瑞
見於天則爲景星爲慶雲瑞見於地則爲
河清爲醴泉瑞見於品彙則爲嘉禾爲瑞
麥爲秀芝爲雙瓜爲素鵲爲玄鶴爲白鹿
爲黃兔爲麒麟其他
斗極明日月光壽曜熙泰階平時暘而暘時雨
而雨自如甘露之外應圖合牒卓犖踵臻

豈可勝道哉而要之則皆
皇上之欽之所致也蓋
皇上欽存於心無所不篤欽形於言無所不踐
是故
感雨輒吟喜雪輒謌
靈旣絡繹
宸翰炳蔚是無所不珍佩也
爲國爲民
躬厥禱請靡

神不舉靡典不秩祈之孔夙應之孔神而報賽
不暮是無所不申禀也遡
太祖之肇始念
成祖之緝成追
皇考之慶延配
天配
帝
祖報
宗稱

玄功盛德謂同
高厚是無所不稱
親也不自謂卹則自謂冲是無所不撝謙也
郊祀樂章則願生民蒙福
祈穀祝文則願萬方咸賴胞視之彰念之懷
保之於是乎為之勸農為之蠲租為之賑
饑為之療疫為之拯墊為之矜寃是無所
不子民也
疊疊翼翼惟時惟幾一靈示儆修省惟惕一

隅告祲驅除惟駛近之
宮庭遠之綏荒細之幾微大之綱紀內之臺
省外之岳牧燭之若曦暉運之若風霆豈
之若笄蜂戒之若衣袽持之若金甌是無
所不保祚也夫若此者皆欽也皆善事乎
天之實也是故典則惇厥天敘矣禮則庸厥天
秩矣德則章厥天命矣罪則刑厥天討矣
化四達教四訖澤四被海晏徼謐民康物阜
而天下益太平矣

天地訢合太和薰蒸而安得不致夫諸瑞哉夫
堯之欽若昊天也心之欽也惟欽故明惟
欽明故文思安安允恭克讓而克明乎峻
德惟峻德克明故廣運焉而大洽夫敦睦
辯章時雍璿衡之化是故其致瑞也亦匪
直甘露而已也翼軫之間景星見焉河渚
之間昴精飛焉河圖來焉醴泉溢焉蓂莢
生焉神禾數焉鳳巢呵閣焉龍遊宮沼焉
神龜自越裳獻焉而天之眷堯者隆矣由

此觀之聖人感之而天應之天感之而聖人應之聖人又感之而天又應之盖天與聖人交相感應而堯與

皇上實相後先是故堯有煥然之文章

皇上亦有煥然之文章堯有巍然之成功

皇上亦有巍然之成功而本之則欽也在堯爲精一在

皇上爲敬一而感應之所以神也先聖後聖其揆一也此之謂也

第二問

張烈

同考試官都給事中趙　批　我

皇上好生之德與虞舜欽恤之仁暨我

祖宗諭臣之意先後同符此作敷湯明悉蓋涵濡而有得者

同考試官檢討馬　批　我

皇上矜察無辜之心遠稽堯舜近法

祖宗前後一揆子能紬繹問意而責慎於司牧是誠體要之論

同考試官檢討晁　批　我

祖宗暨我

皇上好生之心同符堯舜于此歷歷揄揚之可以風天下矣

同考試官編修曹　批　我

皇上好生之仁子能一一闡悉使天下曉然仰體

聖意刑措之隆庶亦有助焉宜錄之

考試官學士嚴　批　此作能仰體我

皇上好生大德仁民至意而詳發之必亦志於仁者

考試官學士李　批　答策能悉用刑本意而於我

皇上好生之德又能仰窺而揄揚之出必不負于時者佳士佳士

嘗謂民者天之所生天之所生則天欲生
之而苟不得其生則天矜之故好生者天
之心也仁也天之大德也而人君者則天
以斯民托之使生者也天以托君君則以
托臣無非以生斯民也君能體天所托乎
民之心而心乎好生則臣當體君所托乎
民之心而亦心乎好生夫苟心乎好生則
無所不用其仁即不得已而至於刑民亦
以生之之心用之而以生之之道行之惟

以戕其相戕乎生者而使之相生即刑之者苟不至乎相戕之甚則亦仁之而使之並生是故有弗刑刑之無弗當有弗罰罰之無弗中是爲能體君之心臣體君之心則君亦賴以體天之心是故刑罰清而民服民服則有以感其心而和平將日遷善遠罪而相安其生故曰惟天好生惟聖時憲惟臣欽若惟民從乂不然則民有不得其生者矣嗚呼民則易虐矣其如君心何

哉其如天心何哉愚盖因仰睹
皇上有
勑訓司牧者而有概焉
勑中稱古昔帝王及我
祖宗罔不慎重於刑夫古昔帝王之心好生之
心也夫我
祖宗之心好生之心也夫我
皇上之心好生之心也是好生之心也天之心
也有是好生之心如天則不容不慎重於

刑是故
皇上之心與我
祖宗之心與古昔帝王之心一也是故
勅中稱之也夫古昔帝王慎重之訓布在方冊
往往而是欲悉數之乃留更僕未易數也
是故執事不質愚以所共曉者但質其擬
議焉而有深意存者然而方冊所布亦無
不該也夫易卦言治刑獄者五噬嗑也豐
也賁也旅也中孚也其互取於象者三離

也震也艮也獨取於象者二巽也兌也析
而言之其義各殊統而言之則皆慎重於
刑而已噬嗑之象則曰明罰勑法賁則曰
明庶政無敢折獄旅則曰明慎用刑而不
留獄豐則曰折獄致刑中孚則曰議獄緩
死夫曰明曰勑曰慎曰折曰議曰緩曰不
留曰無敢折聖人之訓至章章也卦所取
象有離有震有艮震爲雷離爲電爲火艮
爲山震固取其威矣離取其光而照之必

明艮取其靜而止之不過是故噬嗑與豐取雷取電賁與旅取山取火而四卦或上或下皆有離焉或取電或取火其取於光明之義均也故明者尤治刑獄之要道也聖人之意可知也故書曰明允曰明啓曰明清傳曰明徵曰察必以情皆是道也至於中孚雖取兌巽而其全體似離互體則有震艮聖人惓惓焉寓意之深也夫既明以照之無隱情矣然後威之夫既威之則

遂止之及獄之既成又兌以議之巽以緩
之陳之以時臬即之以天論王聽之司寇
聽之三公聽之旬而職聽三旬而職聽三
月而上之議而又議緩而又緩求其出不
可得然後入之求其生不可得然後死之
是中孚所取於兌巽之義也夫兌爲澤而
巽爲風水體虛風動之人心虛物感之是
故有所議有所緩本諸至誠惻怛之心而
行其不殺不辜之仁是中孚所取於兌巽

之義也且風無形而能動乎澤誠無象而能動乎人是故舜德好生舜之中乎也民不犯於有司天下之中乎也而上下相孚如風澤之交矣是中孚所取於兌巽之義也聖人之意可知也夫聖人之意寓於易而聖人之政則具於書虞書曰欽哉欽哉惟刑之恤哉此正舜好生之德也而惟皋陶知之故贊舜曰御衆以寬曰罪疑惟輕夫皋陶能知舜是亦有舜好生之心故舜

知之乃命作士五服三就五宅三居其所
命之職也期于予治期于無刑其所命之
心也皐陶於是持其慎憲之心行其安民
之惠而成其風動從欲之治故舜嘉之曰
惟乃休曰時乃功曰方祗厥敘而禹亦曰
皐陶德乃降黎民懷之故愚謂舜與皐陶
上下之志同也同於好生也是君臣相成
之準也其詳具虞書中夫人而知之矣甫
刑乃曰伯夷降典折民惟刑又曰伯夷播

刑之迪夫伯夷吾知舜命之作秩宗矣命
之典三禮矣初何與於刑者而甫刑顧此
云也夫孔子至聖衆言折衷孔子嘗曰禮
樂不興則刑罰不中又曰古之知法者能
省刑本也今之知法者不失有罪末矣是
故舜命伯夷教民以禮民入於禮而不入
於刑所以折絕斯民入刑之路務其本也
甫刑之論是探本之論也漢刑法志述之
亦謂制禮以止刑猶隄之坊溢水也知甫

刑之旨矣夫斯旨也即虞書甫刑有之矣虞書不云乎明于五刑以弼五教甫刑不云乎士制百姓于刑之中以教祗德夫在虞書命皐陶則言弼教在甫刑稱士則言教德故虞書務本而甫刑探本也故聖人之心且不欲民之入于刑也不得已而刑之有不慎重者乎甫刑曰有邦有土告爾祥刑又曰受王嘉師監于兹祥刑夫民之犯刑無非惡也而謂之嘉師者民受中以

生未嘗不善其陷於罪非其本然也失其教也仁人視之則皆嘉者也刑本不祥器也而謂之祥刑者刑期無刑民恊于中乃所以爲祥也夫誠嘉視乎民祥視乎刑而有不慎重者乎是故帝王治民其上教之教之不行乃不得已而刑之是故大司寇建之以三典糾之以五刑小司寇聽之以五聲議之以八辟士師左右之以五禁先後之以五戒司刺贊之以三刺三宥其慎

重如此皆欽哉欽哉之旨也皆欲以化不
祥爲祥而保其嘉也是聖人之心也皆仁
也皆體天好生之心也夫古昔帝王體天
之心而慎重於刑則方冊著之我
祖宗體天之心而慎重於刑則
寶訓著之恭聞我
太祖高皇帝之於民也矜之切故爲之亟
諭乎臣
諭之懇故爲之廣諄乎喻爲之喻嬦

曰嬦草萊者施鎛不謹必傷良苗繩奸慝者
論法不當必傷善類爲之喻澣
曰民之爲惡譬猶衣之積垢加之澣濯則可
以復潔爲之喻射
曰臺憲揭紀綱法度以示百司百司猶射者之有
正鵠也百司庶府操弓矢以學射者於臺憲
乎取法爲之喻御
曰王良善御豈在於策周公善治豈在於刑
爲之喻田漁

曰竭澤而漁害及鯤鮞焚林而田禍及麛鷇
巧密之法百姓其能免乎爲之喻索魚
曰求生於重典是猶索魚於釜欲其得活難
矣爲之喻陷
曰愚民犯法如陷飲食嗜之而不知止設法
以防其犯而犯者益多推恕以行吾仁而仁
或可濟嗚呼
太祖之心何其仁也
太祖之訓何其嚴也恭聞我

成祖文皇帝之迪憲臣也亦大諄諄矣有
諭曰司理之職重民命為本輔君之道施仁政
為務有
諭曰古人不得已而用刑故常存欽恤後世以
治刑為能事則必流於刻有
諭曰匹夫匹婦不得其死有傷天地之和召水
旱之灾有
諭曰無為深文以苛察無以愛憎為操舍有
諭曰謂之欽恤者欲其敬慎惻怛使有罪者不

幸免無罪者不濫誅一歸至當而已凡此皆

其要且大者歲歲而

諭之當時薛嵩等諸憲臣歲歲而聞之嗚呼

成祖之心何其仁也

成祖之訓何其嚴也總之

二祖體天心之好生而慎重於刑焉一也夫古

昔帝王之慎重也既如彼我

祖宗之慎重也又如此而今之司牧者胡不察

之乎胡不欽念之乎今夫滿堂而飲酒有

一人鄉隅而悲則一堂不樂王者之於天
下譬猶一堂之上也故一人不得其平爲
之悽愴於心善乎昔人之言
皇上所爲惻然于寃顲者也一夫不獲時予之
辜蓋
勑中道之矣夫惻然於一夫之顲仁也燭其寃
智也由所知以推慮於所不知智之盡也
達所不忍使天下皆有所不忍仁之至也
勑下之日蓋不徒都人士懽躍傳誦而已諸生

聞之莫不舉手加額恭願
一人之永有慶而兆民之永有賴矣恭聞
勅曰司民牧者未盡得人或道理不明或律法
不通或任情以作威或深文以鍛獄甚或貪
賄聽囑顛倒是非不顧寃抑是何心歟又曰
省改前愆惟公惟慎盡心聽讞民以不寃斯
諭也不徒相符於古昔帝王及我
祖宗之訓而且相發明焉者也愚生敢不恭悉
其義夫美錦學製鄭子產不使尹何學殖

不務閔子馬以譏原伯故苟古訓未之博綜令甲未之明習而輒以政爲學師心自用鮮不舛者故曰不害而不學則苟而可故曰不學面墻莅事惟煩然則道理豈可不明而律法豈可不通乎夫司牧者民之父母而赤子乎民者也民有不平而就平於我猶夫赤子之鳴所爭於其父母也我爲平其心以平之而已苟赤子而無知憫之宜矣和以曉之宜矣不宜威之也且夫

所惡勿施得民之道民惡刑而施之已非
所以得民矣而况乎肆所施也是任情作
威之不可也夫民之奸究者固有怙終者
矣灼然知之則灼然賊刑矣而其餘不甚
而可疑者則輕焉可也夫赤子入井豈樂
入之哉無知也愚民之罹罪亦猶是也故
如得其情當哀矜勿喜而柰何必深罪之
也夫以深罪爲是而曰吾無失律也則所
謂與其殺不辜寧失不經焉者舜與臯陶

非耶且㮮楚之下何求不得因人不勝痛
則飾辭以視之因遂文致而周納之獨不
思一成不變而君子所當盡心者乎是深
文鍜獄之不可也至於貪賄聽囑而民寃
之不顧則又不但不可而已矣訖于威訖
于富周書不以訓典獄乎菀柳之詩詩人
不以刺亂法乎叔魚一惑情於雍子叔向
遂正其鬻獄獻子欲受梗陽人魏戊則使
諷以屬饜不聞之乎私求公坐厚墨深纆

入出其心上下其手而民有呑聲于覆盆
之下者矣故猶勢猶利均之爲私而猶利
尤甚即不論官常如民何哉夫若此者
皇上悉照之故悉以誠之而司牧者能不省之
哉且夫匹夫結憤六月飛霜匹婦含寃三
年不雨盜氣鬱之也
勅謂上干和氣灾沴攸生者是也積旱以明寃
而雨滛潦以平獄而霽和氣融之也
勅謂氣運協佑休祥自應者是也于定國豫高

其門王賀卒亦興其後世
勑謂保祿位福子孫者是也鷹郅甯虎之徒鮮
不及中其身
勑謂明有國法幽有神譴者是也凡若此者
皇上皆悉念之故悉悉以示之而司牧者能不省
之哉省之惟何惟公惟慎而已公則合乎
天之心慎則廸乎古昔帝王及我
祖宗及我
皇上之訓民不寃矣肺石無書䪿梧丘無夜號

好生之德愈洽於民心刑措之隆可致於

聖世則是臣能體

君之心而生其所托之民

君亦藉以體

天之心而生其所托之民熙熙皞皞永乎于休

穆穆棣棣無疆惟慶唐虞媲其盛而皋陶

伯夷亦不專其美顧不偉歟顧不偉歟

第三問

王之翰

同考試官署員外郎王　批　風俗繫於教化而禮
義其本也是策推論甚悉且切中時弊宜錄之
以風天下

同考試官侍讀胡　批　以禮義正風俗乃探
本救時之論子其有志於崇本者與

考試官學士嚴　批　有味乎子之言以善風
俗宜矣然禮義由賢者出吾又於子乎望之

考試官學士李　批　知以禮義主說可以謂
士矣

夫民無恒習士無定趨因時而虧時敝則道衰待教而端教失則時敝時者下之所乘教者上之所植時之汚隆繫乎教教之興替繫乎上是故上所以導下者也教所以輔時者也自昔聖王導天下之民以禮相尚而身先之以禮非禮不以覿民導天下之士以義相守而身先之以義非義不以範士蓋禮者民之防義者士之衛厚防所以止欲飭衛所以遏奸是故以陽禮教

之讓而使不爭以陰禮教之親而使不乖以樂禮教之和而使不虓凡所以導民莫非禮焉又懼天下之越吾禮也則觸禁者刑變易者流惑衆者殺使皆從吾禮而不敢自蹈于非禮崇四術以居其業設三物以登其良明六敘以計其治凡所以導士莫非義焉又懼天下之越吾義也則戮撻以威之鄉遂以移之糾罰以警之使皆從吾義而不敢自罹于非義故當其時民有

可封之俗士有偕讓之節家不異政國不殊俗天下翕然呂趨于治而莫知所使焉及其季也法藉非已而禮義廢矣民失其防而無定向於是各行其私矣士撤其衛而無定守於是各從其好矣陵夷至于秦燔詩書阨儒術先王禮義之教蕩然無復存者徒以酷刑峻法威劫天下故當時之民見刑而不見德則輕犯法而易于爲非上下無制競祟華侈以苟一日之娛雖至

于貧困盜賊不恤矣其爲士者累足而立箝口而不敢言皆務爲押闔眩智之術以取膴仕雖至于鞠辱伏溺不羞矣時之敝莫有甚于秦者非世異也上失所以導之併其爲教之具而已之也由是觀之天下未有不由教化興而治教化廢而亂也教化興則禮義立而風俗美邪辟可化爲善良教化廢則禮義已而風俗壞善良可化爲邪辟后之有志于復古者未嘗不以教

化爲務卒不能以比隆三代何哉蓋三代以降天子不採風諸侯不貢俗郡縣之吏咸以簿書期會爲先凡所謂敎化者不過文具而已無感乎民俗之日敝士風之日婾也昔荀悅康澄皆有感於時著爲論疏殆亦知慕古之道者歟悅謂致治之術先屏四患迺崇五政四患者何皆俗之敝也究而言之其要皆歸於奢蓋奢則必務踰越踰越則玩于法故縱而爲故奢則必務

豐殖豐殖則忮于衆故溺而爲私奢則必
務巧飾巧飾則忘其實故流而爲僞四者
奢固其源也爲患莫大焉去民之奢而後
四患可屏四患屏而後五政可崇矣荀之
爲漢計至忠也范曄稱其志在獻替凡所
論辯通于政體真知言歟當時恬不以爲
患而荀獨患之故漢之天下卒敝于奢潑
謂爲國之道不足懼者五深可畏者六六
畏者何皆風之媮也約而言之其要皆歸

于靡蓋靡則樂放濁樂放濁則廉恥道消
故世晦而賢材藏匿矣靡則尚和同尚和
同則上下相徇故議橫而毀譽亂真矣靡
則喜逢迎喜逢迎則直言不聞故政荒而
四民遷業矣六者靡固其階也可畏孰甚
焉振士之靡而後六畏可弭六畏弭而后
天災始不足懼矣澄之為唐計至切也歐
陽修謂其切中時弊凡有國者可為深戒
真確論歟當時恬不知畏而澄獨畏之故

唐之天下卒潊于靡葢嘗觀之世之潊也
必有其漸因其漸而防之則易爲力及其
大壊則不可爲矣漢之風俗莫美于文景
而賈誼爲之太息唐之風俗莫美于貞觀
而劉洎進其讜言文景之時奢之端已兆
貞觀之時靡之隙已開遏其端塞其隙其
於治也不易易哉惜乎不能修禮義以導
之使其端至于不可遏其隙至于不可塞
治雖云善較之三代不有遺憾乎我

朝
高皇帝之所肇造
列聖之所漸漬其於淑民範士罔不至焉故其
風俗淳美雖三代之隆何以加此迄于今
則漸異于昔民非鮮良也而豐侈相競以
趨于奢者誠亦有之矣士非乏俊也而趣
時苟利以趨于靡者則亦有之矣今
聖天子在上道久化成將使薄海內外熈熈然
有唐虞之風也顧乃教化之未洽而奢靡

尚未盡變其舊如執事所云者誠未能得其故也無亦有司奉行德意者有未至而委之於時歟禮曰移風易俗莫善于樂書曰勸之以九歌俾勿壞夫歌樂者所以陶情非所以整世也天下之風俗卽賞罰禁令所不能變者而先王移易之以樂勸之以歌可以觀化矣夫國奢則示之以儉國儉則示之以禮禁民之奢舍禮曷以焉蓋民之從好也甚于從令也羣

飲者十錦而一褐則褐者慚矣十褐而一錦則錦者亦慚矣奢之於民甚傷而顧蹈之焉豈非上之人未嘗有以示之乎誠使有司者知夫禮制具在則慎以守之尊卑有倫制用有節以辨其等焉不以末技傷本業不以異物傷用物以端其習焉毋謹于始慢于終毋張于近弛于遠以一其令焉郡縣之報績必以俗之變否為殿最監司之糾舉必以教之興否為去留則民知

上之所好在此而不在彼相率而趨矣奢之俗不其少變乎夫士弱則矯之以剛士邪則矯之以正振士之靡舍義曷以焉蓋士之愛名也甚于愛身也羣射者樹之正則皆志于正矣樹之鵠則皆志于鵠矣靡之於士至垢而甘爲之焉豈非上之人無有以定其志乎誠使有司者知夫科條具備則舉而申之其養之也尚行而不尚言毋徒爲講肄之末也其用之也貴德而不

貴藝毋徒爲進取之階也其要之也採實
而不採名毋徒爲故常之務也崇矯俗之
士使勵其守以示勸絀敗俗之士使遠于
耻以示懲則士知所以取世名者在此而
不在彼相率而效矣靡之風不其少變乎
雖然士者民之望也上用之則所賴以承
流宣化致理於民者也豪傑之士不待教
而善矧教之而猶不能自振焉尚何望于
民哉子夏居河西而教行王通居河汾而

盜息士窮爲善猶足以化其鄉況其出而受民社之寄者有禁令以聲告之有賞罰以勸沮之慎好惡以御之推至誠以動之而民焉有不從者乎程子言治天下之道以正風俗得賢才爲本而得賢才又爲正風俗之本殆此之謂也愚生欲自拔于流俗而未能者幸執事其進而教之

第四問

毛惇元

同考試官檢討馬　批　守令於民最切崇實

效四事又於守令最切安民之要信無以踰此矣

同考試官修撰林　批　欲守令得人其要誠

在責實此作必達於治體者

考試官學士嚴　批　讀此作如讀循吏傳能

施行之吏治必烝烝豈使廩廩君子德讓之風漢

世獨專盛耶

考試官學士李　批　由此觀之子之循良可

知矣

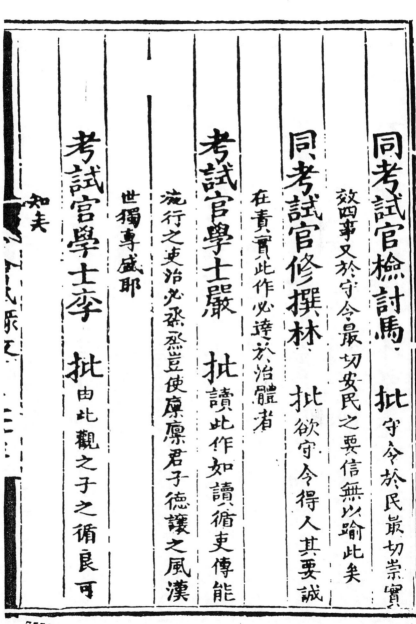

圖安民之要者重守令而已矣責守令之成者崇實效而已矣上以實求乎下則進退各維其當而無狥名壞紀之弊下以實應乎上則小大必竭其志而無飾虛倖進之心惟不狥名也故試一功考一最必其切於國與民者也其不若是雖善不錄矣而下之循善治也益專惟不飾虛也故建一事剔一弊必其利於國與民者也其不在是雖可以得名不爲矣而上之覈善政

也盖易吾見其上下相成以趨於實官無
虛曠政無街霍民蒙澤而大順臻矣其不
崇實者反是欲天下之治奚繇哉請詳言
之今夫人君建官分治以爲民也裂天下
之地以爲郡邑而與之以民民之利樂疾
苦皆繫之乎爲郡與邑者也其去民也最
近而其爲任也最專一令善朝發而民夕
受其利一令不善夕發而民朝受其殃是
所以代人君撫摩乎民者也宋蘇軾氏謂

君者父母也民赤子也守令乳保也其言當矣夫乳保之於子則必心誠求之爲之順其所欲而不拂以所不安是豈有一毫矯僞之心哉則守令之於民其道可知矣古今守令稱良惟漢世爲盛請爲執事評之夫文翁爲蜀郡守蜀最僻陋難治也翁亹亹誘進蜀人好文雅至比齊魯此豈以嚴致理耶其仁愛教化固有所導之耳龔遂爲渤海時方盜賊廢亂也遂單行罷兵

盜悉解去民安土樂業此豈以武戡定耶其言曰治亂繩不可急也固有所以安之耳黃霸歷河南頴川百姓嚮化治爲時第一惟温良有讓故爾也至龐及道旁攫肉則君子謂近察焉王成相膠東治有異等蒙顯賞惟勞来不怠故爾也至占流民八萬餘口則君子謂近僞焉朱邑廉平不苛所至民愛敬沒且祠之仁利之行入人深也召信臣視民如子吏民親愛號之曰召

父廣溉力田其利博也夫以漢室尚吏事吏爭自奮有治行者計當不少彼敘循吏者乃止是數人豈非以吏之所爲循固自有在彼武健材明如趙廣漢韓延壽張敞之爲亦皆稱其位視德讓君子之餘風良有歉哉今

天子明聖陶鈞於上嘉惠元元申儆吏治天下喁喁然趨於雍和化甚洽也顧所以推衍德意宣布教化使淪浹旁周於無閒非守

令各修職善治不可而守令知愚賢不肖
則人人殊其足稱循良能幾何人哉性近
鷹鸇者鮮鸞鳳之化政急催科者緩撫字
之方又其甚焉則瘠民以自殖戕民以自
逞炫鶩民以自張民日恐其去之不速也
而彼方安然爲之是則大可懼矣然而監
司臺臣歲所薦列則又所在比比夫薦列
者非必盡無良也然亦豈盡良耶嘗竊稽
之民情而得其故矣夫天下之利病有常而

上之好惡靡定執其有常之利病以求宜乎民而應靡常之好惡則必違忤牴拂叢上之猜怒以危其身而後可以不違拂於民然而能甘於是者鮮矣於是則爲婾婀辯給詗伺之術以求免患而爲之上者乃或忽不加察與之曰此良吏也其於民之利病豈惟秦越人之視肥瘠哉又不獨然也其最猥媮者則或勉飾初政矯情隱慝以盜民之譽而售上之釆及論薦已及則

遂綦然肆其故態不復為忌其誰能堪之
是故薦列不足盡據也夫守之於郡令之
於邑若入之於家然細鉅皆其事也茍治
郡邑咸如其家殫智竭情曲為之圖民誰
有不宜哉惟夫視官為寄視民為遠志慮
竭於假借謀術務於粉飾與人之恩心非
好善加人之罪事非嫉惡即一事善矣未
必皆誠心也而況未善者且十而九哉此
執事所謂炫飾虛聲罔實是務者是也夫

上之旌懲既如彼吏之所息焉又如此而
欲天下吏多循良烏可得乎凡此皆不崇
實效之弊也是故爲今之道莫如崇實效
欲崇實效莫如申久任之令重貪墨之罪
核舉刺之實重簡任之道昔人有曰吏數
變則下不安業久於其事則民服教化此
言任之當久也今長吏率未三年遂遷不
及一考矧復有再考者上不能狃習而知
其事下不肯服馴而安其教浮且罔者曰

是安足以處我也易而不爲事不肖者曰是傳舍耳計資且遷矣不爲一切苟且之政則網利冀旦夕違去其誰加意吾民哉即有賢者習於故事而持志不堅稍遷之不亟亦自疑且懼矣夫任之以牧吾民者爲其賢也如其不賢固一旦而去之矣幸有一賢焉而又遷之亟是使不賢者常久於民上也豈其爲令之善耶我

國家初制內外官咸以九年通考課其功過

以相乘除而黜陟焉其於外官有顯效者則行旌異之典或增秩俾仍舊任令顧不可復而行之哉周官以六計弊羣吏之治必以廉爲本故廉者吏之首善也今之爲吏者其所不善則莫大於貪因習爲風猶水之走下非重隄防之不可也柰何吏以賕敗乃罷止削仕籍令爲編氓又其甚者則且以計免矣人情嗜利無厭即削籍固甘心焉而況其他哉近

制貪跡有指驗者許臺臣按治之甚或逮治
此其令極善顧奉行者未至耳試一一行
之無或脫者即貪墨之風不弭所未有也
若夫舉刺之不核則前所言固已槩之矣
然而不易以言也本之咨詢則毀譽或失
其真决之胸臆則好惡或乖其正狥之資
格則卑而賢者多壅於上聞而不肖資及
者或因漫錄矣况安靜之吏悃愊無華德
惠且隱而弗彰而巧於飾名者上或溺其

術而莫覺也將是核實可得而核也哉
夫賢者不舉非特其一人怠也將嚮往者
皆闒而阻矣不肖者不剌非特其一人肆
也將觀聽者皆望而趨矣又安從得良吏
耶昔丘文莊欲令舉主具保任之狀有不
如所舉許具實發覺否則并坐彼蓋見於
知人之難而欲人自知所審也然則司其
權者烏可以不致慎乎至若簡任之不重
則又有可言者古者職無內外惟其稱而

已秩無崇卑惟其德而已漢制於刺史二千石下及郎官咸重厥選懼貽民咎令士一釋褐即輕外任惟恐就即就外矣動以猥煩自厭怠日夜惟遷改自計罔安乃心此始於任之者不重之過也且置官分治凡以爲民耳非擇地之美惡爲若身家娛也乃令中土沃壤每授之科甲之俊其窮僻疲瘵衝劇不支雜夷難化之地則多用舉貢衰老或謫遷者往焉是果因材任使

之宜耶夫其地固已難治而又使若輩治
之是重其難也其人且將曰是幾於棄我
矣幾何而不玩愒委頓甚至狼籍不自愛
哉凡此亦不慎簡任之失在司其事者一
加之意耳嗚呼上者風也守令則從風者
也風行而守令向矣守令者牧也民則其
所牧者也牧善而民得所矣用是以開樂
利以興禮讓則康阜成而教化洽以輯邊
陲以懾奸宄則内順治而外威嚴庶績維

熈黎民時雍盖将進三代而唐虞也又豈惟漢世之盛哉書生之言如此幸恕其狂焉

第五問　蔡茂春

同考試官郎中王　批理財養兵今日之最急者但公私皆困於財而未得其所以子能洞悉時獘區畫精確其韋布而有天下之慮者耶

同考試官都給事中藍　批簡兵裕財正方今急

務此作條對精詳深中肯綮識時務者在俊傑
子非其人也耶
同考試官編修趙　批　簡軍伍練士著廣屯
田通鹽法此今日足兵足食之急務此作詳哉
懇乎其言之必抱忠
君愛
國之志濟世安邊之畧者允宜梓録
同考試官編修王　批　兵食大計儒生能言
之此作明達國體洞究弊源具見經濟之學

同考試官編修李　批綜理審緻區畫詳明真洞識時務鑿鑿可見諸行事者宏碩之才經濟之學此足占矣

考試官學士嚴　批有經世之心乃有濟時之策是之取爾

考試官學士李　批識時務若此謂于俊傑非耶

善守法者察其幾而慎守之使不至於弊

善捄弊者審其勢而慎修之使不至於滋

弊夫法之初立也權於利害是非之際而詳爲之計則亦何有於弊者惟其行之久而玩愒作則其弊將廢弛而不行而其勢必旁出而多事嗟夫其始從其法之廢而不察其幾之萌及其繼也苟且目前聽其勢之亟而不反其始則名爲捄弊而其弊也将日滋豈所以爲善守天下之法哉方今之務莫急於理財而財之耗莫甚於兵事故愚嘗謂強今日之兵必自理財始而

理今日之財則自兵事始請陳其所以可
乎夫自古極治之世莫能撤兵則養兵之
費如之何可已者然三代之田則井也國
有寓兵之資而民無養兵之擾此其所以
國長久而民不病也後世井田之制不行
則不得不取民以養兵養兵之費不足則
不得不多取以資費是以漢之建武桑孔
之說行而宋之熈豐金陵之策用若亦有
不容已者然而緡錢舟車可筭也酒酤鹽

鐵可摧也而國則日就以耗矣青苗手實
可行也條例可設也而民則日以不堪矣
嗚呼國倚於兵也而顧以之傷民衛於兵
也而顧因之擾豈非不明本末而適滋其
弊哉然則察幾審勢以守其法者誠不可
以不慎矣我
國家養兵有法而賦民有則赫然稱富強於
天下而邇以倭虜竊發乃至南北告急之
紛然司農計無所出遂盡出一切權宜之

術以佐之於是開鬻爵之途截入供之粟行借輸之策括贖刑之鍰甚者京漕之數且折而徵銀民間之徭亦揭而豫派是皆可行而不可繼之道也而況於告急且未已者乎此而不知所以變通愚不知其所終矣故愚謂今日之財之乏蓋由於召募調遣之頻多而實始於鹽法屯田之交廢二法不復而求財之生愚不可得而知也召募調遣不已而求財之省愚亦不得而

知也且夫天下之事不知其利孰從而知
其所以為害乎不究其弊又孰從而知其
所以為捄乎哉
祖宗塩法初行蓋謂與其取之於農田孰若取
之於山澤此其意本以厚農也況官收其
直則下杜其爭而粟輸於邊則官省其力
守是而無變焉塞兵不可勝食矣法孰有
便於此者屯法始立亦謂既莫寓兵於井
田孰若分兵而屯田此其意亦以厚農也

況自食其力而歲入又可廩其餘隨在列
屯而其守爲益固循是而屯日增焉兵不
煩於公廩矣法亦孰有善於此者夫何粟
價折而商不耕時估增而商不至則利因
内徙而邊儲於是漸虛矣邊儲漸虛而後
愈知鹽法之不可已也卒日惰而無懲田
日沒而無考則屯以就廢而兵皆仰食於
公矣兵皆仰食而後愈知屯田之不可已
也此其往事之失不知察幾而愼守之者

既已無及矣乃議者徒以歸咎而不求爲
修復之計則亦何益之有哉若夫召募調
遣之由則愚生又嘗言之矣夫有兵不可
使戰是謂棄民不可使戰而給之食是謂
費財今坐而待食之兵半不可以使戰而
其甚也有其籍無其人則財費而無所用
何怪也夫兵不可戰而一旦有警則其勢
不得不出於召募不得不出於調遣而召
募調遣之費不得不取諸府藏其費何可

勝計也召募不可復議爲召募調遣不可復議爲調遣其費又何可勝計也是故召募調遣不罷非所以省財而土著不練兵不簡則召募調遣又何可以終罷然簡兵非愚之言也二十爲兵六十免爲民在漢固嘗行之矣不任征戰者減充小分勝甲者隸大分在唐固嘗行之矣稍微其法而酌之人情落籍者聽其以親代而不可者則寧虛其籍斯不亦可乎練土著亦非愚

言也三丁擇一分曹角射李抱真蓋嘗行之山東矣弓箭立社官給田以備其甲馬蘇軾蓋嘗行之河朔矣邊郡勇悍民樂於自守而南民近習於兵亦往往有能出力以自捍乎賊者因而行之不可乎人之言曰鹽利當興而私販爲難革曾不知公鹽徽所以私販熾買鬻者衆矣而其賣之者誰歟此之不求而顧彼之禁吾未見其爲得也然恤竈而後鹽利廣惠商而後鹽法

通引目餘鹽不括而後中於邊者衆是不
可以不講矣人之言曰屯田當復而無併
爲難清曾不知北郡多曠而南地之可耕
者亦豈爲少歟經略其新而漸圖其舊吾
未見其不可也然更番時而後人情宜遠
近均而後道里便統屬明而後事務舉是
又不可不講矣夫在籍者簡則兵精土著
者練則兵益由之而召募調遣可罷焉是
理兵乃所以理乎財也鹽法行而外有所

入屯田行而內有所出是理財又所以養
乎兵也簡兵練士著可以紓急於一時而
鹽法屯田可以垂利於萬世今日之計宜
無出此者舍此不講將必爲桑孔金陵之
策矣嗚呼下以擾民而上不便於公又何
忍於言乎然自兵警以來上之博咨而采
議者非不甚勤也下之畢慮而獻謀者非
不甚詳也而卒莫能效者何耶毋亦虛文
相應而奉行於其下者猶未至焉耳頃者

會試錄後序

聖皇壽考作人今己未爲嘉靖萬
萬禩之三十八禩譬之於四
序纔發春耳夫乾陽也爲天
爲君陽生於一而昌於春春
於易爲泰泰則吉亨是故雲
行雨施品物流形而乾始能

以美利利天下

聖皇體乾行健妙運陽德以作之

君師

聲為律

身為度士日陶煦

道化歲以寖盛葢歲丁未臣訥嘗

分校士經歲乙卯嘗總校南

青雲也士令遭
聖皇當不令虞周士得擅其榮聲
臣誠為士慶之虞周之時固
皆稱泰然在虞洚水滔天黎
民阻饑百姓不親不遜蠻夷
猾夏而寇賊姦宄嘗以咨之
周則昆夷獫狁及殷餘頑之

屬其嬌虔尤甚賴虞周君臣
同心迄用底績然亦已勤矣
今天下泰於虞周時矣南交来
庭矣河暫溢而旋就道矣歲
間告歉頃屢登矣溟島鯨鯢
取而京觀之矣雚澤數剽者
馘矣細黠誘蠢胡

天威褫其魄喙兮矣禮樂備矣法
度彰矣聲教訖矣好生之仁
洽矣和氣薰蒸三光全而寒
暑時矣雨風露雷各得其職
矣草木鳥獸咸若矣奇祥上
瑞曼美煜雲歲荐臻矣士今
所遭不尤幸歟臣誠爲尤

命念可藉以報萬分一者在得士
耳臣方恭辭于
迎和門未效纖勞輙先拜珍饌
文綺之
賜
恩私益渥臣用是益矢心得士冀
不仰負

任使入闈來夙夜與臣璣等矢
公矢勤遵
制額錄三百人夫錄之者錄其能
言道也而
聖訓所謂行如其言臣未知其若
何也臣聞之世道貴泰尤貴
恒泰